普通高等教育经管类专业系列教材

U0645331

数智沙盘模拟实训教程

于利东　姜　婷　张玉岭　主　编
王新玲　李　静　兰天宇　副主编

清华大学出版社
北　京

内 容 简 介

"数智企业经营管理沙盘模拟"是高等院校经管类学科开设的一门企业经营管理实训课程。该课程将企业经营中的产供销、人财物、数智化建设等关键要素设计为模拟内容,采用角色体验式教学,成为继传统教学与案例教学之后的一种新的教学尝试。

本书包括课程导读、4 个项目和 1 个附录。课程导读部分简要介绍了开设"数智企业经营管理沙盘模拟"课程的目标、内容及方法;项目一引导建立企业竞争组织并介绍了模拟企业背景;项目二对企业竞争规则做了综述;项目三通过引导起始年介绍了企业运营流程;项目四指导同学们在实战中获得成长。附录中给出了企业竞争模拟中各管理角色使用的记录表。

"数智企业经营管理沙盘模拟"课程及其教学方法不仅适用于高等院校经济管理专业及其他专业的实训教学,也适用于企业开展旨在提升管理知识、训练管理技能的各类培训。

图书在版编目(CIP)数据

数智沙盘模拟实训教程 / 于利东,姜婷,张玉岭主编 . -- 北京:清华大学出版社,2025.6. -- (普通高等教育经管类专业系列教材).
ISBN 978-7-302-69313-0

Ⅰ. F272.7-39

中国国家版本馆 CIP 数据核字第 2025FV5385 号

责任编辑: 刘金喜
封面设计: 范惠英
版式设计: 妙思品位
责任校对: 成凤进
责任印制: 宋 林

出版发行: 清华大学出版社
　　　　　网　　址: https://www.tup.com.cn,https://www.wqxuetang.com
　　　　　地　　址: 北京清华大学学研大厦 A 座　　　　　**邮　　编:** 100084
　　　　　社 总 机: 010-83470000　　　　　**邮　　购:** 010-62786544
　　　　　投稿与读者服务: 010-62776969,c-service@tup.tsinghua.edu.cn
　　　　　质 量 反 馈: 010-62772015,zhiliang@tup.tsinghua.edu.cn

印 装 者: 三河市铭诚印务有限公司
经　　销: 全国新华书店
开　　本: 185mm×260mm　　　　　**印　　张:** 8　　　　　**字　　数:** 175 千字
版　　次: 2025 年 7 月第 1 版　　　　　**印　　次:** 2025 年 7 月第 1 次印刷
定　　价: 48.00 元

产品编号:111702-01

在新时代的浪潮中，教育作为国之大计、党之大计，被赋予了前所未有的历史使命。党的二十大报告明确提出，要坚持教育优先发展。中共中央、国务院于2025年1月发布了《教育强国建设规划纲要(2024－2035年)》，为我国教育事业的发展指明了方向。在此背景下，加快教育创新，推动高等教育与产业发展深度融合，成为培养适应未来社会需求的高素质人才的关键。正是在这样的宏观背景下，《数智沙盘模拟实训教程》应运而生。该教程旨在通过产教融合、赛教融合的方式，为高等院校经管类学科的教学改革和人才培养注入新的活力。

自2005年首届全国高等院校数智化企业经营沙盘大赛成功举办以来，这项赛事已经走过了二十年的辉煌历程。它不仅见证了中国经管实践教学与创新创业教育的快速发展，更成为推动教育创新、提升学生实践能力的重要平台。数智沙盘作为近年来新道科技股份有限公司举办的技能大赛所采用的全新数智化实践教学平台，是数字化、智能化时代企业经营模拟实训的一次全新升级。相较于传统的ERP沙盘模拟，数智沙盘不仅增加了人力资源角色体验，还融入了企业数智化建设和人力资源两项重要资源，使得企业运营规则的复杂度大幅提升，更加贴近现实企业经营的实际情况。

《数智沙盘模拟实训教程》正是基于这样的背景编写的。本书作为高等院校经管类学科开设的一门企业经营管理实训课程的配套教材，旨在通过模拟企业经营中的产供销、人财物、数智化建设等关键要素，采用角色体验式教学方式，让学生在实践中学习、在体验中成长。这种教学方式不仅打破了传统教学的局限，更成为继传统教学与案例教学之后的一种新的教学尝试，对于提升学生的实践能力、创新能力和团队协作能力具有重要意义。

从产教融合的角度来看，本书的价值和意义不言而喻。通过与企业紧密合作，将实际经营中的案例和场景引入课堂，让学生在模拟的环境中体验企业运营的全过程，不仅能够有效提升学生的实践能力，还能够促进企业与高校之间的深度合作，实现资源共享、优势互补。同时，本书还结合了全国高等院校数智化企业经营沙盘大赛的丰富经验和成功案例，为学生提供了更加贴近实战的实训平台，有助于培养更多具备实战能力的优秀人才。

在人才培养方面，本书更是发挥了不可替代的作用。本书通过引导学生建立企业竞争组织、了解模拟企业背景、掌握企业竞争规则、熟悉企业运营流程并参与实战演练，帮助学生在掌握企业经营管理的基本知识和技能的同时，培养创新思维、团队协作精神和解决问题的能力。这些能力对于未来走向社会、从事企业经营管理工作的大学生来说至关重要。

本书由天津城市职业学院于利东、天津城市建设管理职业技术学院姜婷、天津财经大学珠江学院张玉岭任主编，天津财经大学王新玲、天津商业大学李静、新道科技股份有限公司天津分公司副总经理兰天宇任副主编，他们都拥有多年沙盘模拟教学经验。同时，兰天宇为本书的编写提供了丰富的产业资源和实际案例。在此，我们对所有参与本书编写的老师和专家表示衷心的感谢！

本书PPT课件可通过扫描下方二维码下载。

PPT 课件

服务邮箱：476371891@qq.com

编者

2025年3月

目录

> 人的时间和精力是有限的，在有限的生命中，我们每天都面临着这样的选择：做什么和不做什么。
>
> 决定做一件事之前，一般要了解"为什么"和"是什么"，着手做的时候则关心"怎样做"，做过之后会反思"做得怎样"，大千世界，事及万物，莫不如此。

课程导读中会告诉你：

- ⭕ WHY——为什么要学习这门课
- ⭕ WHAT——这门课是讲什么的
- ⭕ WHO——谁需要学习这门课
- ⭕ HOW——如何才能学好这门课

目 标

拓展知识体系，提升数智化管理技能

传统教育划分了多个专业方向，学习者只能择其一而修，专业壁垒禁锢了学习者的发展空间和思维方式。数智沙盘模拟是在产业快速升级，企业数智化发展驶入快车道的时代背景下，对企业经营管理的全方位展现。通过竞技式的企业经营对抗，沉浸式的学习体验，全面提升学生数智化时代的企业经营管理能力。

1. 全方位认知"数智企业"

数智化是全球企业实现转型升级的关键路径，"数智企业"是数字经济时代企业发展的新范式。全方位认知数智企业，了解

数智企业的组织机构设置、各管理机构的职责和工作内容，通过模拟数智企业经营理解其业务模式、流程、组织与管理，有助于受训者对未来的职业岗位方向建立基本认知。

2. 战略管理

成功的企业一定有着明确的企业战略，包括产品战略、市场战略及竞争战略等。从最初的战略制定到最后的战略目标达成，连续几年的企业运作，受训者将完成从感性认知到理性思考，再到数智化管理的跨越，学会用战略的眼光看待企业的业务和经营，真正理解将数智化融入公司战略，并作为战略实现的关键路径，以此来保证业务与战略的一致性和可落地性，在未来的工作中更多地获取战略性成功而非机会性成功。

3. 营销管理

市场营销就是企业通过不断提供价值来满足客户需求的过程。通过几年的企业经营竞争模拟，受训者将学会如何分析市场、关注竞争对手、把握消费者需求、制定营销战略、准确定位目标市场，制订出合理的营销计划并有效实施；同时引导受训者思考，数智化浪潮下数字营销如何帮助企业实现针对不同渠道、不同消费者的个性化营销，提高营销效果和客户满意度。

4. 运营管理

我们把生产过程管理、采购管理、质量管理、设备更新、产品研发设计、管理体系认证、"双碳"统一纳入运营管理领域，并结合数智化的工具提升其效能，在企业经营过程中，使学习者深刻感受生产与销售、采购的密切关系，理解产销协同、成本控制的重要性及管理方法。

5. 财务管理

在沙盘模拟过程中，团队成员将清晰地掌握资产负债表、利润表的结构，通过数智化工具实时生成财务报告，通过财务指标分析解读企业经营的全局，细化核算支持决策；掌握资本流转如何影响损益；理解"现金流"的重要性，学会资金预算，以最佳方式筹资，控制融资成本，提高资金使用效率。

6. 人力资源管理

企业之间的竞争归根结底是人才的竞争。人力资源管理从岗位分工、职位定义、人员招聘、员工培训、薪酬福利、绩效考评等方面对人才全生命周期进行管理，为企业正常运营提供人力保障；同时让受训者了解如何利用数智化工具从"选""用""育""留"四个维度实现人力资源管理数字化转型，以此来赋能员工、激活组织。

7. 企业数智化

数智化即数字化和智能化。数智沙盘模拟可使受训者真切地体会到企业数智化的必要性。决策来源于数据，数据来源于数智系统，企业数智系统如同飞机上的仪表盘，能够时刻跟踪企业运行状况，对企业运营过程进行控制和监督，及时为企业管理者提供丰富的决策信息。

全面提高受训者的综合素质

除了在提升专业知识和技能方面发挥作用，数智沙盘模拟还可以提高受训者的综合素质。

1. 树立竞争意识

市场竞争是激烈的，也是残酷的。面对竞争，不进则退，企业不能有丝毫懈怠。管理者要充分认识自己的社会责任和历史使命，树立竞争观念，增强创新意识，勇于探索、积极进取，充分激发个体的积极性、自主性和创造性，造就独立人格、自主意识和创新精神。

2. 全局观念与团队合作

通过数智沙盘模拟课程的学习，受训者可以深刻体会到团队协作的重要性。在企业运营这样一艘大船上，CEO是舵手、CFO保驾护航、营销总监冲锋陷阵……在这里，每一个管理角色都要以企业总体最优为出发点，各司其职，相互协作，才能赢得竞争，实现目标。

3. 诚信守则

诚信是一个企业的立足之本，发展之本。诚信原则在数智沙盘模拟课程中体现为对"游戏规则"的遵守，如市场竞争规则、产能计算规则、生产设备购置及转产等具体业务的处理。保持诚信是受训者立足社会、发展自我的基本素质。

4. 个性与职业定位

每个个体因为拥有不同的个性而存在，这种个性在数智沙盘模拟课程中会显露无遗。在分组对抗中，有的小组轰轰烈烈，有的小组稳扎稳打，还有的小组则不知所措。虽然，个性特点与胜任角色有一定的关联度，但在现实生活中，很多人并不是因为"爱一行"才"干一行"的，更多的情况是需要大家"干一行"则"爱一行"。

5. 感悟人生

在市场的残酷与企业经营风险面前，是"轻言放弃"还是"坚持到底"，这是一个企业可能面临的问题，更是在人生中不断需要抉择的问题，经营自己的人生与经营一个企业具有一定的相通性。

内 容

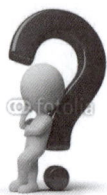

"数智沙盘模拟"释义

> "数智沙盘模拟"是讲授企业经营管理的实训课程。它采用一种全新的授课方法，课程的展开就是针对一个模拟企业，把企业运营所处的内外部环境定义为一系列的规则，由受训者组成若干相互竞争的模拟企业，通过模拟企业四年的经营，使受训者在分析市场、制定战略、营销策划、生产组织、财务管理、人力资源管理等一系列活动中，参悟科学的管理规律，全面提升管理能力。同时通过直观经营体验，全面了解新一代数字与智能技术给企业带来的生产变革、经营变革和管理变革。

经营是企业以市场为对象，以商品生产和商品交换为手段，为了实现企业的既定目标，使企业的投资、生产、销售等经济活动与企业的外部环境保持动态平衡的一系列有组织的活动。

管理是人们为达到预定目标，对管理对象进行有意识的计划、组织、指挥、协调和控制等活动。企业管理就是组织好人力、财力、物力、信息等资源，充分发挥资源效益，以实现企业目标。

企业的生产经营过程就是对企业资源的管理过程

数智沙盘模拟是把企业运营的关键环节——战略规划、资金筹集、市场营销、产品研发、生产组织、物资采购、设备投资与改造、财务核算与管理、企业数智化建设等设计为电子沙盘模型，用于模拟企业运营，具有简单、直观的特点。

以简驭繁，以小见大！

"数智沙盘模拟"课程 1-2-3

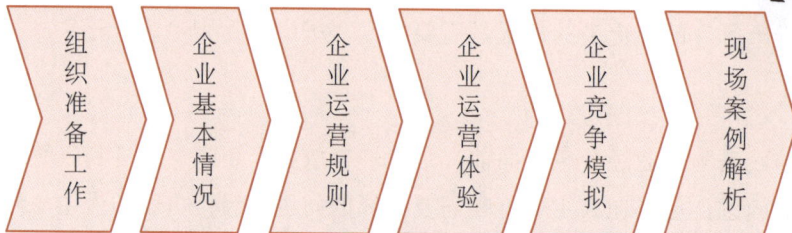

组织准备工作 → 企业基本情况 → 企业运营规则 → 企业运营体验 → 企业竞争模拟 → 现场案例解析

1. 组织准备工作

- ○ 学员分组
- ○ 角色分配
  - □ 总经理　　　　□ 财务总监　　　　□ 营销总监
  - □ 运营总监　　　□ 人力总监

换 位 思 考

2. 企业基本情况

- ○ 行业背景
- ○ 股东期望
- ○ 初始状态

3. 企业运营规则

- ○ 市场划分与市场准入
- ○ 销售会议与订单争取
- ○ 生产线购买、转产与维修、出售
- ○ 研发生产一体化设计
- ○ 原材料采购
- ○ 产品研发与ISO认证
- ○ 融资贷款与应收贴现
- ○ 人员招聘、培训与激励
- ○ 企业数智化建设

4. 企业运营体验

- ○ 熟悉运营流程
- ○ 熟悉岗位工作及需要遵守的规则
- ○ 为下一步的企业运营做好准备

5. 企业竞争模拟

差异是由决策引起的!

- ○ 市场分析
- ○ 战略与计划
- ○ 订单争取
- ○ 经营体验
- ○ 财务报告

6. 现场案例解析

- ○ 现场典型案例的深层剖析
- ○ 深度反思
- ○ 获得管理感悟

方 法

三天 = 四年！？

用三天的时间获得四年的企业经营体验，很难不被诱惑。

这将是"痛并快乐着"的三天，这将是你付出全部心智而尚不能判定经营成败的三天，这三天值得铭记并将影响你的一生。

为了使课程能够达到预期的效果，这里郑重提示以下几点。

1. 知错能进

学习的目的就是为了发现问题，进而努力寻求解决问题的方法。在三天的学习过程中，谁犯的错误越多，谁的收获也就越大，因此不要怕犯错误。

深刻的痛容易被铭记！

2. 亲力亲为

"数智沙盘模拟"开体验学习之先河，每一个学员，都要担任某个管理岗位，全程参与企业的经营过程，以获得经营企业的切身体验。

旁观者不受欢迎！

3. 落实于行动

三天的课程带给人的是启迪、是逻辑、是法则，而企业是真实而具体的。只有落实于行动才能检验你学到了什么。

仅有高见是不够的！

项目一 团队组建

实训目标

- 认知企业的组织结构
- 理解各个角色的岗位职责
- 理解制造企业的运营流程

任务一 组建我们的团队

任务描述

任何一个企业都有与企业类型相适配的组织结构。企业组织机构是企业全体职工为实现企业目标，在管理工作中进行分工协作，在职务范围、责任、权力方面形成的结构体系。

企业经营管理涉及企业的战略制定与执行、市场营销、采购与生产管理、财务管理、人力资源管理等多项内容。在企业中，这些职能是由不同的业务或职能部门履行的，企业经营管理过程也是各部门协同工作，共同努力实现企业目标的过程。

实践步骤

企业组建	1. 学员分组。将一个教学班的学员分为若干组，每组5~8人，每个组运营一家企业 2. 企业命名。为企业命名，确定企业的宗旨和经营理念
角色分工	1. 每个企业首先推选出本企业的总经理，即CEO 2. 在CEO的带领下，确定营销总监、运营总监、财务总监、人力总监各角色
岗位认知	1. 各角色对自己的岗位职责建立清晰的认知 2. 厘清企业运营流程中各岗位的协同关系

要点提示

◇ 重要职能可以分配两名同学共同担任。
◇ 在经营过程中，可以进行角色互换，从而体验角色转换后考虑问题的出发点的相应变化，也就是学会换位思考。

知识链接

1. 总经理岗位认知

职位概要：负责制定和实施公司总体战略与年度经营计划；建立和健全公司的管理体系与组织结构；主持公司的日常经营管理工作，实现公司经营管理目标和发展目标。

在"数智沙盘模拟"课程中，总经理肩负着核心的工作职责，其具体任务主要有以下几项。

(1) 组织年度规划会议和季度经营会议。组织年度规划会议和季度经营会议是确保企业战略规划与日常运营有效衔接的重要环节。在年度规划会议上，总经理需要带领团队成员共同讨论，制定科学的企业经营决策；当团队成员意见相左时，总经理需要发挥决断力，做出最终抉择，确保企业能够迅速应对市场变化。在季度经营会议上，总经理向财务总监、运营总监、人力资源总监、营销总监等关键部门的负责人分配季度工作任务，明确各自的责任与目标，确保企业各部门协同工作，共同推动企业目标的实现。

(2) 进行管理控制。管理控制是由规划、执行、查核与行动构成的闭环。首先，总经理带领团队成员制定企业经营目标及实施计划；其次，需要采取有效的行动方案去落实计划；再次，在计划执行过程中要接收来自各方面的经营反馈，检核目标的达成情况，分析差异原因；最后，及时总结经验，不断提升企业治理水平。

(3) 对企业整体经营结果负责。总经理对企业整体的经营结果负有最终责任。这意味着总经理需要全面关注企业的财务状况、市场竞争力、内部运营、客户满意度等多个维度，确保企业在复杂多变的市场环境中保持稳健的发展态势。总经理的工作成效将直接体现在企业的整体业绩和长期价值上。

2. 营销总监岗位认知

职位概要：营销职能在企业中通常由市场部和销售部履行。市场部负责分析市场环境，进行市场预测，把握市场机会，拓展市场空间，监控竞争对手。销售部负责确定销售目标；制订销售计划和销售预算；确定销售模式，投放促销广告，参与竞标，订单交付及销售管理；进行客户关系管理，确保货款及时回笼；进行销售业绩分析与评估。

在"数智沙盘模拟"课程中，营销总监扮演着至关重要的角色，其具体任务主要有以下几项。

(1) 分析市场，做出市场预测。负责市场竞争分析、营销策略的制定与执行，以及销售渠道的有效管理等多个方面。具体而言，营销总监需要深入分析市场趋势，精准做出市场预测，为企业的产品开发和市场拓展提供数据支持。

(2) 开拓经销商渠道。积极开拓经销商渠道，建立并维护良好的合作关系，以确保企业产品的市场覆盖率和销售渠道的畅通。

(3) 开发产品资质，进行质量认证。在产品资质和质量认证方面，营销总监也需投入大量精力，确保企业产品符合行业标准，提升市场竞争力。

(4) 投放促销广告。策划并执行促销活动，通过精准的市场定位和创新的营销手段，吸引更多潜在客户的关注。

(5) 经销商订单竞标。营销总监参与经销商订单的竞标过程，制定具有竞争力的销售策略，以确保企业能够成功中标并获得更多市场份额。

(6) 订单交付，销售管理。取得客户订单后，需要与运营部门协调以确保客户订单的准时交付，维护企业信誉，提升客户满意度。

(7) 网络营销投放，新媒体广告投放。在数字化营销日益重要的今天，营销总监还需关注网络营销的投放和新媒体广告的运用，通过创新的营销手段提升企业品牌知名度和市场占有率，推动企业在数智化转型的道路上不断前行。

3. 运营总监岗位认知

职位概要：运营职能在企业中划分为生产和采购。生产部门对企业的一切生产活动进行管理，并对企业的一切生产活动及产品负最终的责任。主要工作包括负责制订并实施生产计划；组织落实质量管理制度，监控质量目标的达成情况；规划、配置和调动生产资源，保证及时交货；优化生产组织过程，推动工艺路线的优化和工艺方法的改进，扩充并改进生产设备，不断降低生产成本。此外，生产部门还负责制订研究开发计划，组织新产品开发并进行有效的项目管理；持续扩大和改善产品系列，以最低的成本达到或超过客户的要求；主动、积极地研究新的技术实现手段来降低产品成本，提高性价比；确保为客户提供及时的技术支持；确保生产正常进行和新产品的顺利投产。采购部门负责各种原料的及时采购和安全管理，确保企业生产的正常进行；负责编制并实施采购供应计划，分析各种物资供应渠道及市场供求变化情况，力求从价格上、质量上把好第一关，确保在合适的时间点、采购合适的品种及数量的物资，为企业生产做好后勤保障；进行供应商管理；进行原料库存的数据统计与分析。

在"数智沙盘模拟"课程中，运营总监的主要任务有以下几项。

(1) 设备管理。运营总监负责生产设备的全生命周期管理，包括设备的选购、安装调试、日常维护、转产变更、变卖处理等，确保生产设备处于良好状态，支持生产运营的正常进行。

（2）生产调度。合理安排生产工人的工作任务和班次，确保生产流程顺畅；同时关注工人技能培训和提升，提高生产效率和产品质量。当人员不足时，及时向人力资源提出用工需求。

（3）原料采购及出入库管理。根据生产计划，及时订购所需原材料，并严格管理原材料的入库、存储和出库流程，确保原材料供应充足且库存成本合理。

（4）管理产成品出入库。负责产成品的库存管理，包括成品的入库、存储、出库及发货等，确保产品能够及时交付给客户，同时控制库存水平，避免积压。

（5）生产工艺管理。不断完善产品设计，管理产品设计图纸的存档，及时更新产品BOM，确保生产部门能够依据最新的设计图纸进行产品生产。

（6）技术研发与升级。推动并管理企业技术研发活动，关注行业技术动态，引进和升级生产技术，提高生产效率和产品质量，为企业持续发展提供技术支持。

总之，运营总监在数智沙盘模拟实训中全面负责企业的生产活动，通过有效的设备、人员、物料和技术管理，确保生产过程的高质高效，以满足市场需求并实现企业的生产目标。

4. 财务总监岗位认知

职位概要：财务职能在企业中通常由会计核算部和资金管理部履行。会计核算部主要负责日常现金收付的记录，定期核查企业的经营状况，核算企业的经营成果，按时报送财务报表；对成本数据进行分类和分析；定期清查现金，盘点存货，确保账实相符。财务管理部主要职责是对企业的资金进行预测、筹集、调度与监控，其主要任务是管好现金流，按需求支付各项费用、核算成本，做好财务分析；进行现金预算，采用经济有效的方式筹集资金，将资金成本控制到较低水平，管好、用好资金。

在"数智沙盘模拟"课程中，财务总监的具体任务有以下几项。

（1）管理企业现金流。负责监控和优化企业的现金流动情况，确保资金充足以支持业务部门的运营需求，并据此发放预算，保障各项目的顺利进行。

（2）筹资管理与风险防范。分析不同的融资渠道和成本，制定有效的融资策略并执行，以满足企业的资金需求，同时优化资本结构，降低财务风险。

（3）管理企业收款和付款。监督应收账款的回收进程，确保资金及时回笼，同时合理安排应付账款的支付计划，维护良好的供应商关系。

（4）管理日常费用缴纳。负责企业日常运营中的各项费用管理，包括税费、租金、工资等，确保按时准确缴纳或发放，避免不必要的法律风险和财务损失。

（5）编制财务报表。定期编制对外财务报表，包括资产负债表、利润表、现金流量表等，向企业内外利益相关者提供会计信息。

（6）实时监控企业各项指标。通过财务分析，实时监控企业的财务健康状况，包括利润率、资产周转率、负债比率等，及时发现并解决潜在问题。

运用大数据技术进行财务分析，深入挖掘数据背后的业务含义，为企业的战略规划和发展方向提供数据支持和建议。

5. 人力总监岗位认知

职位概要：人力总监负责建立企业人力资源管理体系，完善人力资源管理制度及流程；完成定编、定岗、定员方案，组织制定各部门岗位职责；负责编制年度招聘计划，按计划开展人才引进工作；负责培训体系建设，规划、组织实施员工培训；组织实施薪酬绩效管理工作；负责员工劳动合同的签订、变更、终止、解除等工作。

在"数智沙盘模拟"课程中，人力总监的具体任务有以下几项。

(1) 人员招聘。根据企业业务需求和战略规划，制订并执行招聘计划，通过多渠道寻找并吸引合适的人才，确保企业各岗位得到及时、有效的补充。

(2) 薪酬管理。设计并维护公平、合理的薪酬体系，准确计算员工薪资，确保薪资发放的及时性和准确性。

(3) 职工培训。制订员工培训计划，组织并实施各类培训活动，提升员工的专业技能和综合素质，为企业发展提供有力的人才支持。

(4) 绩效管理。设计并实施有效的员工激励方案，包括涨薪、奖金发放等，以激发员工的工作积极性和创造力，提升其工作效率和公司团队凝聚力。

总之，人力总监在数智沙盘模拟实训中全面负责企业的人力资源管理工作，通过精准的人才招聘、合理的薪酬管理、有效的培训提升和科学的激励机制，构建和优化企业的人力资源体系，为企业的持续发展和竞争优势的保持提供坚实的人才保障。

任务二 公司初创

任务描述

首先我要恭喜你，你已经顺利地通过了笨笨公司招募管理团队的初选，即将进入复试阶段。复试将采用企业经营模拟竞争的方式进行，用三天的时间模拟企业四年的经营过程，胜出者就是笨笨公司的第一届领导班子。这是一个年薪百万的工作机会，愿君珍惜，祝君好运！

对于即将走马上任的新任管理层来说，需要尽快了解企业所处行业背景、竞争形势、消费者需求、生产技术、拥有资金、股东期望等，这是开展工作的先决条件。

实践步骤

企业基本情况调研	1. 基本情况：所属行业、消费者市场、主营产品 2. 行业报告：收集行业报告并研读
企业初始财务状况	1. 对于初创企业来说，企业的启动资金来源于股东投资 2. 资产负债表是揭示企业财务状况的财务报表
领会股东期望	股东是企业的所有者，为股东创造价值、满足股东期望是管理者的职责
解析企业运营流程	通过了解企业的运营流程，理解企业各部门的业务协作关系，理解物流、资金流、信息流的流动过程

知识链接

1. 企业基本情况

> 企业是市场经济的微观经济主体，是从事商品生产、流通和服务等活动，为满足社会需要和盈利，进行自主经营、自负盈亏，具有法人资格的经济组织。

1) 所属行业

笨笨公司属于制造业，制造业是立国之本、强国之基，是国家经济命脉所系。我国制造业规模已连续多年保持世界第一，在驱动经济发展、参与国际竞争中发挥着不可替代的重要作用。

2) 产品及特性

笨笨公司所在行业的主要产品(product)分为三种，简称为P1、P2和P3。

(1) P1为目前市场上的主流产品，需求量大，价格稳定。在数智沙盘标准版中，P1为小羊单车。

(2) P2是在P1基础上改进的产品。在数智沙盘标准版中，P2为小羊摩托。

(3) P3是P系列产品中科技含量满满的高精尖产品。在数智沙盘标准版中，P3为小羊pro。

产品是用于满足消费者需求的，不同群体的消费者关注的产品特性不同。特性也抽象为三类，简称T1、T2和T3。

(1) T1是最为普适的一种特性。在数智沙盘标准版中，T1特性为"安全舒适"。

(2) T2是潮人喜爱的一种特性。在数智沙盘标准版中，T2特性为"科技体验"。

(3) T3是狂热粉丝最中意的特性。在数智沙盘标准版中，T3特性为"外形拉风"。

产品与特性可以任意组合，这样就产生了九种不同的细分产品用于满足消费者需求。

3) 市场

未来四年，笨笨公司的产品可销往以下三个市场：M1国内市场、M2亚洲市场和M3国际市场。三个市场相对独立，彼此无包含关系。

2. 企业的财务状况

所谓财务状况，是指企业资产、负债、所有者权益的构成情况及其相互关系。企业的财务状况由企业对外提供的主要财务报告——资产负债表来表述。

资产负债表是根据资产、负债和所有者权益之间的相互关系，即"资产=负债+所有者权益"的恒等关系，按照一定的分类标准和一定的次序，把企业特定日期的资产、负债、所有者权益三项会计要素所属项目予以适当排列，并对日常会计工作中形成的会计数据进行加工、整理后编制而成的，其主要目的是反映企业在某一特定日期的财务状况。

资产负债表的右边揭示的是企业的资金来源，主要包括负债和所有者权益两部分。取得企业经营所需资金后，需要用这些资金购买厂房、设备等生产设施和原料等生产资料，因此资产负债表左方列示了资产项目，按资产的流动性大小排列。通过资产负债表，可以了解企业所掌握的经济资源及其分布情况；了解企业的资本结构；分析、评价、预测企业的短期偿债能力和长期偿债能力；正确评估企业的经营业绩。

笨笨公司创设之初，首先要筹集一定的资金，最初始的资金来源于企业的投资人，即股东。股东投入的资本金计入资产负债表中的"实收资本"，同时计入流动资产的"库存现金"。在"数智沙盘模拟"课程中，根据课程设计所涉及的业务对资产负债表中的项目进行了适当简化，形成如表1-1所示的简易结构。

表1-1 简易资产负债表

资 产 负 债 表

单位：万元

资产	期末数	负债和所有者权益	期末数
流动资产：		负债：	
现金	60	长期负债	
应收款		短期负债	
在制品		其他应付款	
产成品		应交税金	
原材料			
流动资产合计	60	负债合计	
固定资产：		所有者权益：	

（续表）

资产	期末数	负债和所有者权益	期末数
土地与设备		股东资本	60
在建工程		利润留存	
		年度净利	
固定资产合计		所有者权益合计	60
资产总计	60	负债和所有者权益总计	60

提示：

✧ 假设企业的启动资金(即股东投资)为60万元。

3. 股东期望

近期，知名机构对行业前景进行了深入调研，并公开了一份行业预测，认为在新技术浪潮的加持下，P系列产品将向高科技产品发展。面对如此历史机遇，董事会希望新的管理层能够把握时机，抓住机遇，带领企业全面进入快速发展阶段。

投资P系列产品研发，实现多元化经营；积极拓展市场领域，扩大市场覆盖面；购置现代化生产设备，努力提高生产效率，增强核心竞争力；利用数字化技术，进行数据挖掘与分析，有效地支持管理决策。

4. 企业运营流程

笨笨公司的运营流程如图1-1所示。图中的箭头标示了通常意义上的信息流、物流和资金流。

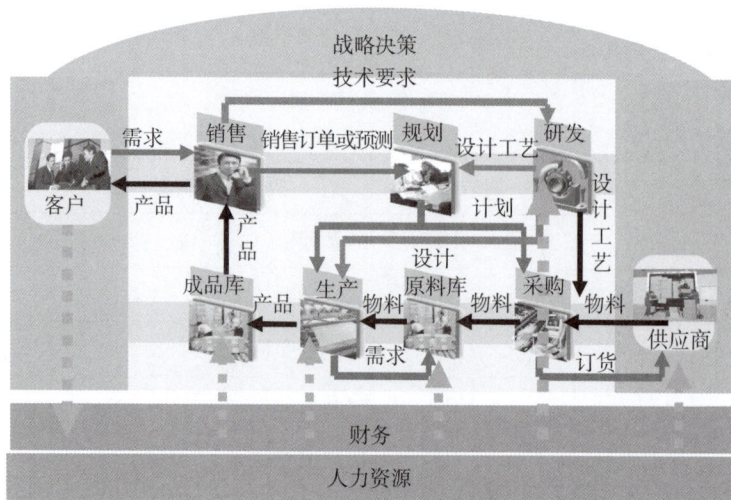

图 1-1　笨笨公司的运营流程

1) 信息流

每年，营销部根据消费者市场需求制定营销方案，在订货会上获取订单；生产部根据当年订单及未来预测进行生产排程；采购部根据确定的生产计划制订采购计划，向供应商订购原材料。信息流是由市场营销拉动的。

2）物流

企业运营时，需要向供应商订购原料，原料到货后入原料库；生产部生产时领料，加工完成入成品库；销售部从成品库提货发运给客户。物流和信息流呈反向流动。

3）资金流

企业运营的每一个环节都需要资金，采购会发生原料费用，生产会发生人工费、设备维护费等，销售会发生营销费用，还有企业的管理费用。因此在采购、生产环节中表现为资金流出，只有产品卖掉了才能实现资金流入。

企业的各个职能部门应清晰理解在企业运营流程中的联结关系，产销协调、通力协作才能为企业创造最大价值。

任务三 企业战略规划

任务描述

市场经济条件下，越来越多的企业意识到：企业经营犹如在波涛汹涌的大海中航行，虽有风平浪静，更有惊涛骇浪。我们知道，航船要驶向希冀的彼岸，就离不开罗盘和舵柄。企业要在瞬息万变的环境里生存和发展，就离不开企业战略。

实践步骤

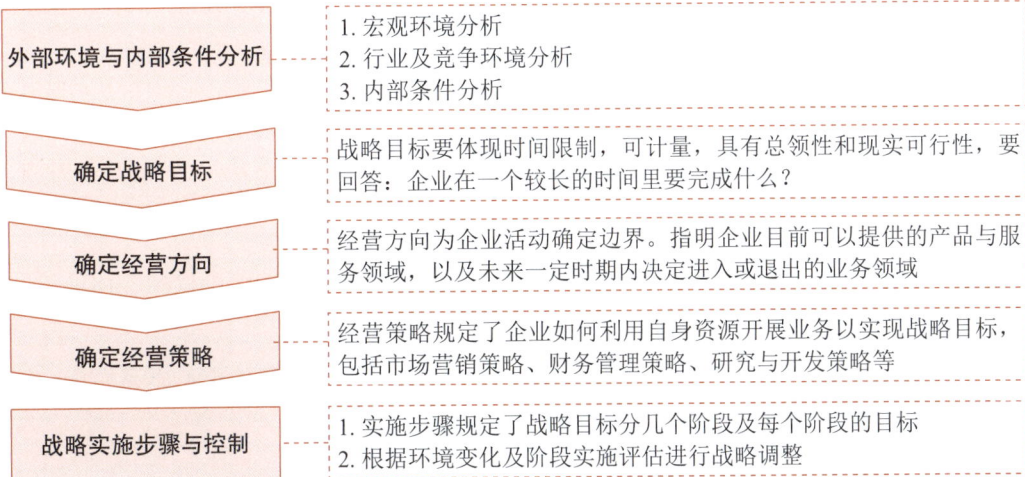

外部环境与内部条件分析	1. 宏观环境分析 2. 行业及竞争环境分析 3. 内部条件分析
确定战略目标	战略目标要体现时间限制，可计量，具有总领性和现实可行性，要回答：企业在一个较长的时间里要完成什么？
确定经营方向	经营方向为企业活动确定边界。指明企业目前可以提供的产品与服务领域，以及未来一定时期内决定进入或退出的业务领域
确定经营策略	经营策略规定了企业如何利用自身资源开展业务以实现战略目标，包括市场营销策略、财务管理策略、研究与开发策略等
战略实施步骤与控制	1. 实施步骤规定了战略目标分几个阶段及每个阶段的目标 2. 根据环境变化及阶段实施评估进行战略调整

知识链接

1. 什么是企业战略

在资源一定的条件下，企业必须选择做什么和不做什么，因此目标一定要明确。企业战略是企业根据其外部环境及企业内部资源和能力状况，为谋求长期生存和稳定发展，为不断地获得新的竞争优势，对企业发展目标、达成目标的途径和手段的总体谋划。

所谓战略，就是在企业的各项运作活动之间建立一种配称。

2. 企业战略的内容

一个完整的企业战略应该包括以下几个内容。

1) 外部环境与内部条件分析

企业要实现其作为资源转换体的职能，就需要达到外部环境和内部条件的动态平衡。要了解外部环境中哪些会为企业带来机遇、哪些会对企业形成威胁，进而了解企业内部资源条件是否充足、资源配置是否合理。只有全面把握企业的优势和劣势，才能使战略不脱离实际。

SWOT(strength，weakness，opportunity，threat)分析是制定企业战略时可以参照的一种方法。采用这种决策方法的根本目的是把自己公司和竞争对手公司的优势、劣势、机会和挑战进行比较，然后决定某项新业务或新投资是否可行。做SWOT分析有利于自己的公司在做新业务前充分发挥自己的长处而避免自己的短处，以趋利避害，化劣势为优势，化挑战为机遇，即所谓的"知己知彼，百战不殆"，从而降低公司的经营和投资风险。SWOT分析表如表1-2所示。

表1-2　SWOT分析表

企业外部机会与威胁	企业内部优势与劣势	
	内部优势(S)	内部劣势(W)
外部机会(O)	SO：成长型战略 依靠内部优势，利用外部机会	WO：扭转型战略 利用外部机会，克服内部劣势
外部威胁(T)	ST：多经营战略 利用内部优势，回避外部威胁	WT：防御型战略 减少内部劣势，回避外部威胁

2) 战略目标

战略目标就是要回答：企业在一个较长的时间里要完成什么？这个目标要体现时间限制，可计量，具有总领性和现实可行性。

企业战略目标的内容可以包括盈利能力，生产效率，市场竞争地位，产品结构，财务状况，企业的技术水平，企业的建设与发展，社会责任等。

3) 经营方向

经营方向指明了企业现在可以提供的产品与服务领域，以及在未来一定时期内决定进入或退出、决定支持或限制的某些业务领域。它为企业活动确定了界限。

4) 经营策略

经营策略规定了企业如何利用其自身资源开展业务活动以求实现战略目标。它应具体地规定企业管理阶层的工作程序和决策规则，研究和规划企业的经营重点，部署资源，明确企业的主要职能领域，如营销、生产、R&D(研究与开发)、人力资源、财务等各方面的工作方针及相互关系的协调方法。

5) 实施步骤

实施步骤规定了一个战略目标需要分为几个阶段及每个阶段所要达到的阶段目标。由于战略目标是一个立足于长远发展的目标，因此不可能一蹴而就，客观上需要循序渐进，同时在战略方案的长期实施过程中，外部环境与内部资源条件不可能一成不变。分阶段实施战略目标，可以帮助企业有机会对其行为效果做出回顾和评价，以期对战略方案做出适当的调整，从而更有效、更现实地追求战略目标。

3. 选择战略

在"数智沙盘模拟"课程中，企业管理层需结合企业现有资源、消费者市场、行业竞争等情况，进行战略选择。在此举几个例子。

(1) 我们想成为什么样的公司？例如规模如何(大公司或小公司)、生产产品如何(多品种、少品种)、市场开拓如何(许多市场、少量市场)、努力成为市场领导者还是市场追随者？为什么？

(2) 我们倾向于何种产品？何种市场？企业竞争的前提是资源有限，在很多情况下，放弃比不计代价地掠取更明智，因此需要管理者做出决定：有限的资源是投放于重点市场、重点产品，还是全面铺开？

(3) 我们计划构建何种生产设施？因为每种生产设施的购置价格、生产能力、灵活性等属性各不相同，企业购置设备时需要对可选设备进行比较分析。

(4) 企业计划采用怎样的融资策略？资金是企业运营的基础。企业的融资方式是多种多样的：发行股票、发行债券、银行借款、应收账款贴现等。每种融资方式的特点及适用性都有所不同，企业在制定战略时应结合企业的发展规划，做好融资规划，以保证企业的正常运营，并控制资金成本。

4. 战略调整

企业战略不是一成不变的，而是根据企业内外部环境的变化和竞争对手的发展情况不断动态调整的。每一年经营下来，都要检验企业战略的实战性，并且根据以后年度的市场趋势预测，结合公司自身优势和劣势，调整既定战略。

　　随着数智化、国产化、全球化"三化浪潮"的加速，企业数智化进入"加速期"，尤其是新质生产力作为国家政策层面的风向标将大大加快千行百业的数智化进程。数智化转型是指企业利用数字技术和智能化手段，对企业运营、管理、服务等各个环节进行深度改造和升级，以适应数字化时代的发展需求。我们更应该思考企业战略规划与企业数智化转型如何深度融合以推动企业持续创新、提升竞争力。

项目二 领会规则

实训目标

- 了解规则的含义
- 理解规则的重要性
- 领会任职岗位要遵守的规则
- 学会在规则允许的范围内制定策略，开展工作

任务描述

企业是社会经济的基本单位，企业的发展要受自身条件和外部环境的制约。企业的生存与企业间的竞争不仅要遵守国家的各项法规及行政管理规定，还要遵守行业内的各种约定。在开始企业模拟竞争之前，管理层必须了解并熟悉这些规则，这样才能做到合法经营，才能在竞争中求生存、求发展。

实践步骤

企业经营评价标准	1. 企业经营得分的构成 2. 基于财务的评价方法
营销总监应该了解	1. 市场开发　2. 产品资质与ISO资质认证 3. 获取订单　4. 订单交货　5. 网络营销
运营总监应该了解	1. 生产设备管理　2. 开工生产 3. 原料订购及库存管理 4. 研发生产一体化设计 5. 智能生产
人力总监应该了解	1. 员工招聘　2. 员工管理　3. 员工激励 4. 智能招聘和智能定薪
财务总监应该了解	1. 预算控制　2. 融资管理　3. 应收账款管理 4. 应付账款管理　5. 日常费用管理 6. 企业所得税计算及缴纳 7. 财务数智化

任务一 企业经营评价标准

既然是企业经营模拟对抗，全体成员就要明确企业经营评价标准。现实社会中，对企业的评价存在多种方法，如基于盈利能力的偏财务的评价、以平衡计分卡为代表的企业综合评价等。

在"数智沙盘模拟"课程中，企业评价没有采用单一的财务评价，而是体现了数字化时代新特征和绿色发展的新要求。

最终企业经营得分=经营风尚+数字化平台建设+持续经营+经营结果

下面分项进行说明。

1. 经营风尚

企业应诚信经营，守信践诺。

在"数智沙盘模拟"课程中，只要企业遵纪守法、合规经营、不存在违规行为，则可获得基础分10分(无论企业是否破产)。

注意：

◇ 在"数智沙盘模拟"课程中，只有企业发生现金断流时，才视为破产。

◇ 在"数智沙盘模拟"课程中，企业发生资不抵债即所有者权益为负时，可以继续经营。

2. 数字化平台建设

企业数字化是围绕企业核心业务能力进行建设，通过信息技术的计算能力和处理能力，赋能业务，使其得到快速发展。

在"数智沙盘模拟"课程中，数智平台建设在第三年、第四年开启，开启后只能于第1季度开始配置，配置后不可更改，只能查看。数字化建设包括财务RPA、智能生产、智能招聘和数据可视化四项技术。每项技术每年1.25分，全部正确最高获得10分。

数智化平台建设内容及主要功能如表2-1所示。

表2-1 数智化平台建设内容及主要功能

数智化平台	主要功能
财务RPA	一键收款：自动判别当期到期的货款，并执行一键收款 一键付款：自动判别当期到期的应付款，并执行一键付款 批量缴费：自动判别当期的费用，执行批量缴纳
智能生产	智能转产：自动识别产品资质和执行转产，转产无须花钱和花时间 自动更新图样：自动将最新的图样上传到生产线中 智能下单订购材料：自动订购生产所需的原料，开启后所有原材料订购无送货期 自动收货入库：自动将订购的原材料做入库处理 智能工人排产：自动为产线配置效率最高的工人

（续表）

数智化平台	主要功能
智能招聘	薪酬优先：按照工人薪酬从低到高排序 效率优先：按照工人效率从低到高排序 比率优先：按照工人性价比从低到高排序
数据可视化	根据配置的模块展示进行数据可视化展现

知识链接

RPA

RPA(robotic process automation，机器人流程自动化)是通过在软件中预设规则和流程，让计算机完成既定任务，以辅助或替代人工作业的一种技术。RPA机器人见长于"规则明确、重复发生、流程清晰"的业务处理。

财务RPA

财务机器人是 RPA 在财务领域的具体应用。财务机器人是基于RPA 技术，针对财务的业务内容和流程特点，以自动化代替财务手工操作，辅助财务人员完成交易量大、重复性高、易于标准化的基础业务，从而优化财务流程、提高业务处理效率和质量，减少财务合规风险，使资源分配在更多的增值业务上，促进财务转型。

简而言之，在财务领域应用RPA技术开发的能够完成某项财务工作的软件就称为财务RPA。

3. 持续经营

完成每年经营得5分。破产企业按照实际完成经营并提交报表的年数计算得分。数智沙盘模拟共四年，未破产的企业可得20分。

4. 经营成果

经营成果=第四年企业商誉值×(第四年企业所有者权益-系统扣分)×(1+第四年碳中和率)

1) 商誉

商誉是指能在未来期间为企业经营带来超额利润的潜在经济价值。在"数智沙盘模拟"课程中，企业的商誉用于计算企业经营成果。

每支队伍的初始商誉值为100，在企业经营过程中若发生如表2-2所示的违规行为，则扣减商誉值。

表2-2　扣减商誉值的违规行为

违规行为	扣减商誉值	扣减时间点
订单未按时交货	1	切换季度时系统强制扣除违约金
未按时支付工人工资	5	切换季度时系统强制发薪
原材料未按时收货	1	切换季度时系统自动收货
未按时支付贷款利息和本金	1	切换季度时强制扣除
未按时支付应付账款	1	切换季度时系统自动扣除
未按时支付管理费用	1	切换季度时系统自动扣除

2) 碳中和

碳中和(carbon neutrality)，节能减排术语，一般是指国家、企业、产品、活动或个人在一定时间内直接或间接产生的二氧化碳或温室气体排放总量，通过植树造林、节能减排等形式，以抵消自身产生的二氧化碳或温室气体排放量，实现正负抵消，达到相对"零排放"。

在"数智沙盘模拟"课程中，企业使用生产线和生产产品时均会产生碳排放，第二年实现碳达峰，第三年开始中和。

碳达峰以所有企业前两年的碳排放为总量，碳排放量=产品数量×产品排放量+生产次数×产线排放量。如P1产品碳排放量为5，自动线碳排放量为30，实际产量为5，那么使用2条自动线生产P1产生的碳排放量=5×2×5+2×30=110。

碳排放越少的企业，次年分配的碳排放量越高，公式如下：

设定上一次(第三年按前两年计算，第四年按第三年计算)总碳排量为A，N支队伍为A_1，A_2，A_3，$\cdots$，A_N，假设A_x是某支队伍上年的碳排放量，那么，分配给每支队伍的碳排放量=$A \times (1 - A_x \div A) \div (N-1)$。

需要注意的是，第一次(第三年)分配时，在原有碳分配量的基础上加初始碳排放量；第二次(第四年)分配时按实际分配。

当碳排放额度不足时，企业无法进行生产。

注意：

◇ 破产组破产当年产生的碳排放量不计入碳总额，也不参与碳分配。

◇ 碳中和是一种责任，可通过植树造林进行中和，若企业已无碳排放额度，中和无法增加企业排放额度。

◇ 初始碳排放量为每队第1年和第2年碳排放量的总和。

以上所述企业经营得分计算是一种综合评价方法。简单起见，也可以参照"ERP沙盘模拟"课程的评价设计，采用第四年的所有者权益作为企业排名的标准。

任务二 营销总监需要领会的规则

市场是企业进行产品营销的场所，标志着企业的销售潜力。企业的生存和发展离不开市场这个大环境。谁赢得市场，谁就赢得了竞争。市场是瞬息万变的，变化增加了竞争的对抗性和复杂性。

1. 市场开发

在进入某个市场之前，企业一般需要进行市场调研、选址办公、招聘人员、做好公共关系、策划市场活动、发展经销商等一系列工作。而这些工作均需要消耗资源——资金及时间。由于各个市场地理位置及地理区划不同，开发不同市场所需的时间和资金投入也不同，在市场开发完成之前，企业没有进入该市场销售的权利。

开发不同市场所需的时间和资金投入如表2-3所示。

表2-3 开发不同市场所需的时间和资金

市场编码	市场名称	开拓周期	需要资金(元)
M1	国内市场	1季度	10 000
M2	亚洲市场	3季度	10 000
M3	国际市场	4季度	30 000

事项说明如下。

○ 市场名称：只有获得市场资质后才允许在该市场销售产品。

○ 开拓周期：投入资金后需要经过开拓周期企业才能获得该市场资质。

○ 需要资金：市场开发需要的资金为一次性投入。

2. 产品资质与ISO认证

1) 产品资质

产品资质是判定企业能否参与市场竞单的必要条件。获取产品资质需要投入的时间和资金是不同的，如表2-4所示。某产品开发完成后，企业可获得该产品的生产资质。只有具备了产品的生产资质，才能参与该产品的竞单。

表2-4 获取产品资质所需的时间及资金

产品编号	资质名称	申请时间	需要资金(元)
P1	小羊单车	1季度	10 000
P2	小羊摩托	2季度	20 000
P3	小羊pro	4季度	50 000

事项说明如下。

- 申请时间：需要经过申请时间企业才能获得该产品资质。
- 需要资金：申请时需要一次性支付的资金。

2) ISO资质认证

某些订单会标注ISO资质认证的要求，只有具备相应ISO资质的企业才有资格获得这样的订单。ISO资质包括ISO 9000、ISO 21000和ISO 26000三种，其需要的认证周期和资金投入如表2-5所示。

表2-5　不同ISO资质认证所需的时间和资金

认证编码	认证名称	认证周期	需要资金(元)
RZ1	ISO 9000	1季度	10 000
RZ2	ISO 21000	3季度	10 000
RZ3	ISO 26000	4季度	20 000

同样，ISO资质认证支付的资金也是一次性投入，待认证周期满足时自动获得。

知识链接

ISO 9000

　　ISO 9000族标准是国际标准化组织(International Organization for Standardization，ISO)颁布的在全世界范围内通用的关于质量管理和质量保证方面的标准，它不是指一个标准，而是一族标准的统称。该标准使质量管理的方法实现了程序化、标准化和科学化。实施ISO 9000质量管理体系标准的意义如下。

- ◇ 提高企业管理水平，提高工作效率、降低质量成本。
- ◇ 提高企业的综合形象及产品的可信度，以此争市场、保市场、争名牌。
- ◇ 消除对外合作中的非关税壁垒，使企业顺利进入国际市场。

ISO 26000

　　ISO 26000是国际标准化组织制定的编号为26000的社会责任指南标准，是在ISO 9000和ISO 14000之后制定的最新标准体系，这是ISO的新领域。

- ◇ 强调遵守法律法规，强调组织应当愿意并完全遵守该组织及其活动所应遵守的所有法律和法规，尊重国际公认的法律文件。
- ◇ 强调对利益相关方的关注。
- ◇ 高度关注透明度。

◇　对可持续发展的关注。

◇　强调对人权和多样性的关注。

我国以ISO 26000为蓝本，2015年，国家质检总局和国家标准委联合发布了社会责任系列国家标准。系列标准包括《社会责任指南》《社会责任报告编写指南》《社会责任绩效分类指引》。

3. 获取订单

竞单即通过竞争的方式获取订单。

在"数智沙盘模拟"课程中，每年不定期召开客户订货会，订货会上发布所有市场的订单。针对每张订单，各企业进行竞单申报，综合评分高的企业优先选单。

1) 促销广告

为了让客户了解企业、了解企业的产品和服务，企业会投入大量的资金和人力用于品牌和产品宣传，以争取到尽可能多的客户订货。为此，要策划营销方式、广告展览、公共关系、客户访问等一系列活动。在"数智沙盘模拟"课程中，企业在营销环节所做的种种努力体现在"促销广告"项目上，并以价值为具体表现载体。

促销广告用于提升企业在某一市场的知名度，知名度是决定企业是否能优先选择订单的重要因素。企业知名度越高，越有机会获得该市场中的订单。

促销广告投放页面如表2-6所示。

表2-6　促销广告投放

市场	当前知名度	当前排名
国内市场	0	1
亚洲市场	0	1
国际市场	0	1

事项说明如下。

○　市场：促销广告按市场分别投放。每个市场投放的广告仅用于本次竞单，竞单完成后当前知名度归零。

○　当前知名度：已在当前市场投放的促销广告累计之和。促销广告与知名度比例为1:1。

○　当前排名：每个企业的当前排名默认均为1，随着所有企业投放促销广告的完成，当前排名动态变化。企业可通过投放促销广告的方式提高排名，排名靠前的企业有优先选单权。

2) 竞单申报

订单上包含诸多要素，以表2-7为例说明。

表2-7　订单申报

订单编号	市场	产品	特性需求	参考价(元)	数量	交货期	账期	ISO要求	申报数量	操作
1	国内市场	P1	T1	3 000	3 000	4季度	2季度	ISO 9000		【申报】

事项说明如下。

○ 订单编号：每张订单都有唯一编号，用于区分每张订单。

○ 市场：表示这张订单属于哪个市场，企业申报时应当已获得该市场的资质。

○ 产品：表示这张订单是对哪个产品的需求，企业申报时应当已具有该产品生产资质。

○ 特性需求：表示这张订单对产品特性的要求。

○ 参考价：企业进行订单申报时不得超过此价格。

○ 数量：企业进行订单申报时不得超过此数量。

○ ISO要求：本张订单对ISO资质的要求，不具备该资质的企业无法获得该订单。

○ 申报数量：单击【申报】按钮后填写申报价格和申报数量，申报价格不得低于参考价的90%，申报数量不得超过订单中的数量。

注意：

◇ 企业可同时对所有市场、产品的订单进行竞单申报，当多次对同一张订单申报时，系统只接受最新一次申报的数量和价格。

◇ 若在申报时填写"0"，则为取消该市场申报的订单。

3) 入围筛选

企业竞单申报完成后，系统进行入围筛选。申报企业入围需要满足以下三个条件：

○ 企业有该订单所在市场的资质。

○ 企业已取得订单中标注的ISO资质。

○ 企业申报价格未超过参考价。

系统按照以上条件进行筛选，针对每张订单生成入围企业列表。

4) 订单分配

首先，系统根据以下公式计算各企业得分。

$$Y = 知名度 + 市场占有率 \times 商誉值 \times (参考价 - 申报价格) + 1\,000 \times 特性值$$

其中一些事项说明如下。

○ 知名度：等同于促销广告费。

○ 市场占有率：企业上次在该市场获得的订单数量占该市场全部订单数量的百分比。初始值为1。

○ 特性值：生产管理特性研发值。

然后，系统按照以下规则进行订单分配。

- ○ 得分最高的队伍，可以获得其所申报的全部数量。
- ○ 按照得分高低排名依次分配，直到数量不足。
- ○ 当所剩数量不足分配时，只分配剩余数量。

当N队分数相同时，分配顺位相同。此时，如果剩余数量Z不满足N组总申报数量，那么取N队中最小的申报数量A，每队分配A数量；若Z还小于NA，则每队分配$Z \div N$(向下取整)的订单。

4. 订单交货

订单分配完成后，在营销总监的工作界面中可以查看到获取的订单，如表2-8所示。

表2-8　订单列表

订单编号	市场	产品	特性需求	总价(元)	数量	交货期	账期	认证	成本	操作
1	本地市场	P1	T1	162 000	3	2季度	1季度	无	0	【交货】

事项说明如下。

- ○ 总价：表示这张订单的总价值。
- ○ 数量：表示这张订单的交货数量，必须整单交货，不可拆单交货。
- ○ 交货期：表示订单的最晚交货季度，可提前交货不可延后，如超过该季度视为违约。例如，第2年2季度获得的交货期为3的订单，可以在第2年2季度或者3季度交货，否则视为违约。违约订单将产生违约金(违约金为订单总额的20%)，并扣除商誉值1。违约订单不能再执行交货操作。
- ○ 账期：表示交货后收到的是应收账款而非现金，需要经过账期所标注的季度才能变现。
- ○ 成本：订单交货前成本为0，交货后显示产品的销售成本。
- ○ 操作：每张订单均设置了【交货】按钮，单击该按钮，系统自动判断库存中是否有符合该订单的足量的产品可以交货，若满足则交货并扣减库存数量，同时计算该订单的销售成本并填写在"成本"一栏中，该订单状态变为"已交货"。

5. 网络营销

相对于经销商竞单会，企业还有第二种销售方式——网络营销。网络营销方式于企业数智化完成后开启。

1) 了解网络营销

相对于订货大会而言，网络营销的特点如下。

- ○ 低门槛：不要求市场资格、ISO认证资质。
- ○ 竞争直接：流量决定一切，会员指数与投放量决定销售额。

- 不稳定：并非严格确定的以产定销，而是尽量满足市场的需求，销量不容易精确控制。
- 价格相对高：直接面对用户市场，少去中间商赚差价。
- 回款快：无账期，立即回款。

企业参与网络营销时，根据"查看规则"中的零售市场预测，按需填写"网络投放"和"新媒体广告"相关参数。

2) 零售市场预测

数智沙盘模拟标准版中，零售市场预测资料如表2-9所示。

表2-9　零售市场预测资料

季度	目标产品	单价承受能力(元)	看重特性	每季度购买数量
6	小羊摩托	4 000	科技体验	1 000
6	小羊摩托	4 100	安全舒适	1 000
8	小羊摩托	4 000	科技体验	1 000
8	小羊摩托	4 100	安全舒适	1 000
10	小羊摩托	4 200	科技体验	1 000
10	小羊摩托	4 300	安全舒适	2 000
10	小羊pro	6 000	外形拉风	2 000
10	小羊pro	6 100	科技体验	1 000
10	小羊pro	6 200	安全舒适	2 000
12	小羊摩托	4 200	科技体验	2 000
12	小羊摩托	4 300	安全舒适	2 000
12	小羊pro	6 200	科技体验	2 000
12	小羊pro	6 200	安全舒适	2 000
14	小羊pro	6 400	科技体验	3 000
14	小羊pro	6 400	安全舒适	3 000
16	小羊pro	6 400	科技体验	3 000
16	小羊pro	6 400	安全舒适	3 000

3) 网络投放

可针对4类产品进行网络投放。每个产品需要输入两个值：定价和投放数量。其中，定价不得高于本产品成本的三倍，不可低于本产品成本；投放数量不得超过现有库存量。

4) 新媒体广告

输入的新媒体广告投放金额(正整数)会转化为等量的热度值。会员指数代表会员数量，会员指数=热度×商誉×引流参数×0.0001，向下取整。引流参数规则如表2-10所示。

表2-10 引流参数规则

引流参数	引流名称
0.5	吸引会员

5) 订单分配

(1) 根据企业上架的种类，决定去满足哪些市场需求。

(2) 企业在申请订单时，所输入的价格需要满足以下两个条件。

① 不应高于"单价承受能力"中所列的价格。

② 定价的取值范围：设M=该产品图纸的原料价值之和(从规则表里读取)，输入范围为M～5M。

提示：

◇ "单价承受能力"是指用户在零售市场销售产品可承受的最高价格。

(3) 根据会员指数得出"零售指数"，零售指数Y=会员数×(单价承受能力-定价)×0.01。

(4) 根据各队的上架量，得出"竞争指数"。

① 零售指数小于等于上架量，则竞争指数=零售指数。

② 零售指数大于上架量，则竞争指数=上架量。

(5) 根据入围队伍的"竞争指数"，计算出"销量"。

① 若各队伍的竞争指数之和，小于等于市场需求数量，则销量=竞争指数。

② 若各队伍的竞争指数之和，大于市场需求数量，则按照比例进行分配(向下取整)，得出"销量"。

(6) 季度跳转时，自动扣除等同于实际销量的相应产品，入库日期早的优先。

任务三 运营总监需要领会的规则

1. 生产设备管理

生产设备管理涉及对设备的选择、采购、安装、使用、检修、更新改造，直到报废、更换的全过程管理，其目标是实现机器设备生命周期成本最经济、机器设备综合产能最大化。这个过程包括多个环节，如设备选择和评价、设备采购管理、设备安装和调试管理、设备维护和保养管理，以及设备故障处置等。

产线规则如表2-11所示。

表2-11　产线规则

生产线类型	安装时间(季)	购买价格(元)	生产时间(季)	基础产量	转产时间	转产价格(元)	残值(元)	维修费用(元)	普通工人	高级技工	碳排放量	折旧年限
传统线	0	50 000	2	40	1	5 000	5000	500	2	1	0	4
自动线	1	100 000	1	20	0	5 000	15 000	1 500	1	1	0	4
智能线	2	200 000	1	30	0	0	30 000	5 000	0	1	0	4

事项说明如下。

- 安装时间：表示安装产线需要消耗的时间。购买产线后需经过安装时间才能使用，如第1年1季购买全自动线，则第1年2季安装完成可以使用。
- 购买价格：购买生产线的价格，一次性支付。
- 生产时间：产线生产需要耗费的时间。自产线开产起，经过生产时间产品才能完工入库。
- 基础产量：生产线的基础产量。
- 转产时间：生产线由一种产品转为生产另一种产品需要花费的时间，只能在停产状态下进行转产。
- 转产价格：生产线转产时需要花费的资金，为一次性费用。
- 残值：产线折旧到此价值时不再折旧，且出售时能够获得等于残值的现金。
- 维修费用：产线建成满一年开始维修，如第1年1季度建成，则第2年1季度缴纳维修费，每年缴纳一次(第1年4季度跳至第2年1季度时扣除)。
- 普通工人、高级技工：使用生产线时，需要配置普通工人和高级技工的数量。
- 碳排放量：使用产线生产一次产生的碳排放量。
- 折旧年限：为生产线需要折旧的年限。产线建成满一年开始折旧，如第1年1季度建成，第2年1季度计提折旧，折旧=(产线净值−残值)÷折旧年限，每年计提折旧。

2. 开工生产

需要具备如下条件才能成功开产：产品资质、充足的原材料、停产状态、配置好工人、BOM更新完成、现金充足。

1) 班次

班次是指日常生产活动中，按生产需要为工人安排的上班时间，不同班次导致的产量加成和效率损失是不同的。在"数智沙盘模拟"课程中，班次规则如表2-12所示。

表2-12　班次规则

班次编码	班次名称	产量加成	效率损失(%)
BC1	8时制	1倍	2
BC2	12时制	1.2倍	50

事项说明如下。

- ○ 产量加成：计算实际产量时在基础产量基础上的加成。
- ○ 效率损失：每次生产后，工人的生产效率都会下降。

2) 配置工人

开工生产时，需先进行工人配置，参照表 2-11 在对应的产线配置班次和工人。人工管理界面示例如表 2-13 所示。

表2-13　人工管理

线型	安装日期	基础产量	状态	产品标识	班次	手工工人	高级技工	实际产量	操作
智能线	2年1季度	1	停产	P1				0	【保存】

事项说明如下。

- ○ 状态：有停产、开产和转产三个状态，只有停产状态下才能配置班次和工人。
- ○ 班次：选择工人生产班次。有8时制和12时制两种班次。
- ○ 手工工人、高级技工：输入与产线规则要求相等的工人数量。
- ○ 实际产量：按规则要求配置工人数量和班次后，单击【保存】按钮，系统按照以下公式计算实际产量。

实际产量=基础产量×(1+手工工人效率÷4+高级技工效率)×班次产量加成(向下取整)

如果配置符合规则，在"实际产量"一栏将显示计算结果；如若不符合规则，则实际产量为0。

注意：

☆ 每次生产后，工人的生产效率都会下降，下降的值就是班次中的效率损失。

3) 用工需求

确定需要招聘的工人类别和数量，填写用工需求，提交给人力总监。

4) 开产时需要支付的费用

开产时需要支付计件工资和开产费。

计件工资=实际产量×(手工工人计件工资×手工工人数量+高级技工计件工资×高级技工数量)。

在制品成本=原材料成本+工人月薪×生产周期(月)+计件工资+开产费(如传统线的生产周期为2，则应当按6个月计算)。

开产费从产品图纸中查看，按规则为单件产品花费的开产费。

3. 原料订购及库存管理

仓储管理包括原料订购及库存管理、成品库管理等。

1) 原料订购

订购原材料时要注意采购提前期。R1、R3原料需要一个季度的采购提前期；R2、R4原料需要两个季度的采购提前期。各种原料的基础价格和采购提前期如表2-14所示。

表2-14　原料订购

材料名称	编码	基础价格(元)	数量	采购提前期(季)	账期(季)
环保金属	R1	500	500 000	1	0
天然橡胶	R2	500	500 000	1	0
五金耗材	R3	500	500 000	2	0
动力系统	R4	500	500 000	2	0

事项说明如下。

○ 基础价格：材料单价。

○ 数量：市场上的材料总量，随着企业的购买逐渐减少，每季度刷新恢复到初始数量。

○ 采购提前期(季)：订购的原材料需要经过采购提前期才能到达。

○ 账期：原材料收货后，经过账期所标注的时间支付材料费。

企业订购的原料在原料订单中展示。当达到收货期时，可单击【收货】按钮，收货后原材料进入原料库存并生成一条应付账款，应付账款需要按时支付，否则强制扣除并扣减商誉值。

2) 原料库存

在原料库存中可查看库存原料的种类、数量、成本等。可对库存中的原料进行出售，出售时获得原料价值80%的货款(如出现小数向下取整)。

3) 成品库存

对于下线的产成品及时进行统计更新，并通知营销总监及时按订单交货。产品库中的库存可以出售，出售时获得产品价值80%的货款(如出现小数向下取整)。

4. 研发生产一体化设计

研发生产一体化是一种综合的设计方法，它是指将产品设计、制造、管理过程有机地结合在一起，通过设计、制造和管理的整个过程数据集成来实现协同工作，从而减少开发周期，提高制造效率，保障产品质量和降低成本。

在"数智沙盘模拟"课程中，主要涉及产品图纸管理、工艺设计管理和特性研发管理三部分内容。

1) 产品图纸管理

从产品图纸中，可以得知每种产品的构成、开产成本、开产费用和碳排放量，如表2-15所示。

表2-15 产品图纸

产品名	碳排放量	开产费用(元)	开产成本(元)	R1	R2	R3	R4
P1	0	0	800	1	1	0	0
P2	0	0	1 100	1	0	1	1
P3	0	0	2 000	2	1	1	2

事项说明如下。

○ 碳排放量：生产单件产品产生的碳排放量。

○ 开产费用：用于生产单件产品需支付的费用(如这里有值，则产品成本=原材料费用+计件工资+工人工资+开产费)。

○ 开产成本：用于计算紧急采购产品的成本。例如，P1为800元，紧急采购倍数为4，则紧急采购1个P1的成本为3 200元(此成本不代表实际的生产成本，仅用于计算紧急采购的产品成本价值)。

○ R1、R2、R3、R4：表示生产产品所需用到的原材料个数，此个数为单件产品的材料数量。

2) 工艺设计管理

工艺设计管理是为开发每一种产品特性支付的设计费用，如表2-16所示。

表2-16 工艺设计

特性名称	设计费用(元)
T1	1 000
T2	1 000
T3	2 000

注意：

◇ 设计完成生成新的版本号。

◇ 每次设计需重新支付设计费用(无论之前是否设计过)。

3) 特性研发管理

特性研发用于提升企业特性等级，有助于企业获得订单。特性研发规则如表2-17所示。

表2-17 特性研发规则

特性名称	初始研发值	当前研发值	单位研发费用(元)	研发上限(元)
T1	1	1	100	500
T2	1	1	200	1 000
T3	1	1	300	1 000

事项说明如下。

- ○ 初始研发值：默认的研发值。
- ○ 当前研发值：展示当前经营状况中企业的研发值。
- ○ 单位研发费用：表示每提高1个研发值，需要花费的资金，总费用=(目标值−当前值)×单位研发费用。
- ○ 研发上限：表示每种特性最高的研发等级，不可超过此等级。

5. 智能生产

数智化平台建设完成后，可以实现智能转产、自动更新图纸、智能采购、自动收货和智能排产。

- ○ 智能转产：自动识别产品资质和执行转产，转产无须花钱和花时间。
- ○ 自动更新图纸：自动将最新的图纸上传到生产线中。
- ○ 智能下单订购材料：自动订购生产所需的原材料，开启后所有原材料订购无送货期。
- ○ 自动收货入库：自动将订购的原材料做入库处理。
- ○ 智能工人排产：自动为产线配置效率最高的工人。

注意：

- ◇ 智能工人排产并非最优的工人组合，如希望最优配置可手动排产。执行时不会按照手动配置的工人方式生产，会重新配置。

任务四 人力资源总监需要领会的规则

1. 招聘管理

招聘优秀员工可以帮助组织提升绩效。在"数智沙盘模拟"课程中，有关员工招聘的相关资料如表2-18所示。

表2-18 员工招聘相关资料

名称	初始期望工资(元)	计件工资(元)	每季度数量	效率(%)
手工工人	500	50	30	50
高级技工	1 500	100	40	60

事项说明如下。

- ○ 初始期望工资(元)：工人的平均月薪，市场中的工人月薪以此规则为基础上下浮动。
- ○ 计件工资：工人生产单件产品的工资。

○　每季度数量：市场中每季度初始的工人数量。假设第1年2季度招了4个手工工人和5个高级技工，则在第1年3季度工人数量仍会恢复到初始。

○　效率(%)：表示工人的平均效率，市场中工人效率在20%上下浮动。

2. 员工管理

员工管理包括员工入职、员工培训、薪资管理和解聘。

1) 员工入职

企业发放offer时，会开出给工人定制的薪酬，工人是否入职的规则如下。

假设公司提供的薪资为X；M按照开出的期望工资和中位工资孰低计量，那么：

○　当$X \div M < 70\%$时，工人一定不会入职；

○　当$X \div M$的值为70%～100%时，工人随机入职；

○　当$X \div M \geq 100\%$时，工人一定入职。

注意：

◇　offer发放完成可修改工人薪资，以最后一次录入的薪资为准。

◇　开出offer后，工人下季度入职，入职后下季度发放薪资。

◇　人力资源市场无竞争，工人不会随各企业提供的薪资不同而择优入职。

2) 员工培训

员工经过培训可以提升岗位等级。有关培训的规则如表2-19所示。

表2-19　员工培训相关规则

培训名称	消耗现金(元)	消耗时间(季)	原岗位	培训后岗位	工资涨幅
升级培训	5 000	1	手工工人	高级技工	100%

事项说明如下。

○　消耗现金：表示培训一个工人需要花费多少资金，为一次性费用。

○　消耗时间：表示培训工人需要消耗多长时间，经过此时间后工人等级升级。

○　工资涨幅：表示培训后工人的工资涨薪比率，工人效率不变。

注意：

◇　工人状态有三种：工作中(表示工人正在生产中)、培训中(表示员工正在接受培训)和空闲。

◇　只有状态为空闲的手工工人能够参加培训，培训期间无法上工生产。

3) 薪资管理

企业应按时给工人发放薪酬，薪酬=月薪×3。

若某一季度未主动给工人发放薪资，工人效率减半；持续两季度未主动给工人发放薪资，工人自动离职，并且强制扣除等同于解聘的赔偿金。

4) 解聘

人力资源过剩时可以解聘工人。解聘时需要支付赔偿金，赔偿金=(N+1)×月薪，N为员工入职年限，计算结果向上取整。

注意：

✧ 只有处于空闲状态的工人可被解聘。

✧ 若解聘时，工人处于欠薪状态，同时需要支付欠薪。

3. 激励管理

激励管理用于提升工人的工作效率。激励可以采用奖金激励或涨薪激励两种方式，相关规则如表2-20所示。

表2-20　激励相关规则

激励名称	提升效率比例(%)
奖金激励	30
涨薪激励	60

事项说明如下。

○ 奖金激励：激励费为一次性费用。奖金激励对薪资无影响。

○ 涨薪激励：涨薪方式为增加工人的月薪，所以涨薪后不会直接支付费用，自涨薪季度起，之后每月月薪都需加上涨薪金额。

○ 提升效率比例(%)：表示每一万元所提升的工人效率。例如，给某工人涨薪10 000元，该工人的效率增加60%，如果想通过涨薪的方式给某工人提升1%的效率，则需给该工人涨167元的薪资(如出现小数向上取整)。

4. 智能招聘和智能定薪

在进入数智化阶段后，数智人力开放两个新的管理场景：智能招聘和智能定薪。

1) 智能招聘

根据生产总监提出的工人需求，系统的AI助手会自动筛选出符合条件的工人。筛选条件可以如下设置。

○ 薪酬优先：按照工人薪酬从低到高排序。

○ 效率优先：按照工人效率从低到高排序。

○ 比率优先：按照工人性价比从低到高排序。

2) 智能定薪

AI助手会根据整个实践中，所有工人的中位工资，制定出更加合理的推荐工资，当工人的期望工资低于推荐工资时，开出推荐工资即可让工人入职。

任务五　财务总监需要领会的规则

1. 预算控制

预算具有规划、控制、引导企业经济活动有序进行，以最经济有效的方式实现预定目标的功能。企业通过预算管理可以实现企业内部各个部门之间的协调。预算也是业绩考核的重要依据。

在"数智沙盘模拟"课程中，预算控制用于管理各个部门的预算。部门预算表如表2-21所示。

表2-21　部门预算表

(单位：元)

部门	上季度预算	上季度使用	上季度使用率	本季度预算
市场营销部	1 000	500	50%	3 000
生产设计部	1 000	500	50%	3 000
人力资源部	1 000	500	50%	3 000

事项说明如下。

○ 上季度预算：表示该部门上季度发放的预算额度。

○ 上季度使用：表示该部门上季度实际使用的预算。

○ 上季度使用率：上季度使用率=上季度使用÷上季度预算。若上季度预算使用率<80%或>120%，则扣除企业10 000分；只有预算使用率为80%～120%才不会扣分。

○ 本季度预算：财务总监为各个部门发放的预算使用额度，每季度应当先发放预算，否则其他总监无法花费资金。

注意：

◇ 运营总监收货时，虽然未实际支付材料款，但属于运营总监的费用，故发放预算时应当计算在内。

◇ 预算额度用完时，可再次向财务总监申请预算，待审批通过后可使用。

2. 融资管理

资金是企业的血液，是企业所有活动的支撑。在"数智沙盘模拟"课程中，企业尚未上市，因此其融资渠道只能是直接融资、银行贷款和应收账款贴现(贴现规则将在后续应收款管理中介绍)。融资规则如表2-22所示。

表2-22　融资规则

贷款名称	额度上限	贷款时间(季)	还款方式	利率(%)
直接融资	3倍	1	本息同还	5
短期银行融资	3倍	4	本息同还	10
长期银行融资	3倍	8	每季付息，到期还本	2

事项说明如下。

- 额度上限：表示贷款的最高额度，贷款上限=上年所有者权益×额度上限。
- 贷款时间：表示贷款后，需要经过贷款时间才偿还贷款。
- 还款方式："本息同还"表示贷款到期时一次性支付本金和利息；"每季付息，到期还本"表示贷款期间需每季度支付利息，到期后偿还本金。
- 利率：用于计算贷款利息，表中为年利率。

3. 应收账款管理

应收账款为交付订单后产生的应收款项，到期后可直接收款。应收账款未到期而企业亟须资金时可进行应收账款的贴现。账期不同贴现率不同，贴现规则如表2-23所示。

表2-23　应收账款贴现规则

名称	收款期(季)	贴息(%)
4季应收账款贴现	4	10
3季应收账款贴现	3	7
2季应收账款贴现	2	5
1季应收账款贴现	1	3

事项说明如下。

- 收款期：表示这笔货款需经过收款期才能收款。
- 贴息：是指债权人在应收账期内贴付一定利息提前取得资金的行为。不同应收账期的贴现利息不同，如3季度贴现10 000元，则需支付10 000×7%=700(元)的贴息(如出现小数向上取整)。

注意：

◇ 应收账款到期时，企业需主动收款。

4. 应付账款管理

货物到达企业时，必须照单全收，并按规定支付原料费或计入应付账款。应付账款可提前支付，不可延期，若延期，系统会强制扣除并扣减商誉值。

5. 日常费用管理

企业对各项因生产经营发生的费用进行科学合理的管理和控制。基于此，助力企业打造高效成本掌控体系，实现资源优化与利益最大化。

日常费用种类繁杂，主要包括管理费、贷款本金和贷款利息。

○ 管理费：从规则表中查看，规则中为月度管理费，缴纳时应当×3。

○ 贷款本金：为企业申请的贷款，到期后需要支付的本金。

○ 贷款利息：为企业贷款的利息(如出现小数向上取整)。

6. 企业所得税计算及缴纳

如果企业经营盈利，需要按国家规定上缴税金。每年所得税计入应付税金，在下一年初缴纳。

1) 企业所得税计算

所得税按照弥补以前年度亏损后的余额为基数计算。

○ 当上年权益≤初始权益时，税金=(上年权益+本年税前利润−初始权益)×税率(取整)。

○ 当上年权益 > 初始权益时，税金=本年税前利润×税率(取整)。

提交完报表后开启，填写后提交，自动判断正误；提交即意味本年申报结束。

2) 公益捐赠税前扣除

《企业所得税法》第九条规定，企业发生的公益性捐赠支出，在年度利润总额12%以内的部分，准予在计算应纳税所得额时扣除；超过年度利润总额12%的部分，准予结转以后三年内在计算应纳税所得额时扣除。

在"数智沙盘模拟"课程中，企业捐款可减免纳税，具体按下列公式执行：

① 设捐款金额为X；

② 若$X \geq$税前利润×12%，按税前利润12%扣除，应交税费=税前利润×(1−12%)×25%；

③ 若$X <$税前利润×12%，按实际X值扣除，应交税费 = (税前利润− Y)×25%。

注意：

◇ 所得税税率可由教师自行设置。

7. 财务数智化

财务数智化包括RPA机器人和数据可视化展现两部分内容。

1) RPA机器人

RPA机器人可实现以下功能。

○ 一键收款：自动判别当期到期的货款，并执行一键收款。

○ 一键付款：自动判别当期到期的应付款，并执行一键付款。

○ 批量缴费：自动判别当期的费用，执行批量缴纳。

2) 数据可视化

以可视化图表形式展现业务数据。

项目三 学习经营

实训目标

- 熟悉企业经营的活动构成
- 理解本岗需要完成的工作任务
- 掌握在规则限定下如何完成本岗工作
- 学习与他人协同工作
- 学会用科学的方法记录各项活动的发生

任务描述

　　新管理层接手企业，需要一个适应过程。因此，在"数智沙盘模拟"课程中，企业在正式开始模拟竞争之前，需要先学习如何经营和管理企业，为此课程中设计了引导年用于试运营。在引导年里，企业的决策由教师做出，新管理层只能执行。主要目的是熟悉每一年企业运营需要完成的工作、明确每项工作由谁负责，以及需要遵守的规则。经过引导年，各管理角色清晰本岗工作，进一步熟悉了规则，团队实现了初步磨合，为以后独立决策做好了心理和能力上的准备。

实践步骤

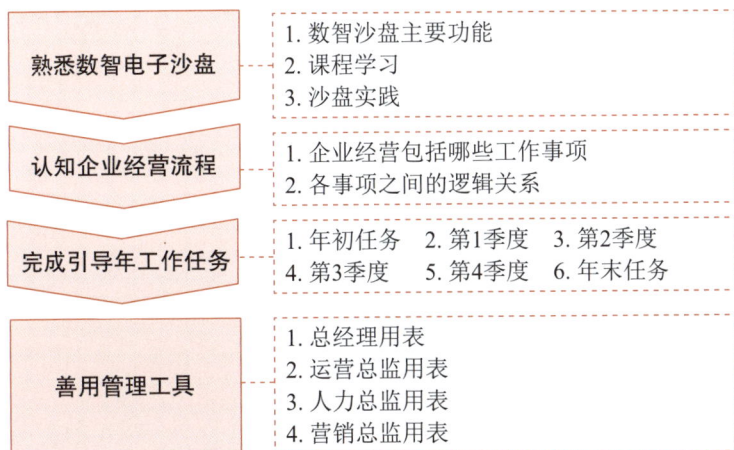

| 熟悉数智电子沙盘 | 1. 数智沙盘主要功能
2. 课程学习
3. 沙盘实践 |

| 认知企业经营流程 | 1. 企业经营包括哪些工作事项
2. 各事项之间的逻辑关系 |

| 完成引导年工作任务 | 1. 年初任务　2. 第1季度　3. 第2季度
4. 第3季度　5. 第4季度　6. 年末任务 |

| 善用管理工具 | 1. 总经理用表
2. 运营总监用表
3. 人力总监用表
4. 营销总监用表 |

任务一　熟悉数智电子沙盘

数智电子沙盘是数智沙盘模拟实训课程的载体，企业各项经营决策均需要在数智电子沙盘中进行记录，因此，熟悉数智电子沙盘操作是非常必要的。

1. 登录数智电子沙盘

每个参与数智沙盘模拟实训的学员都拥有唯一的用户名和密码，初始密码由教师设置。登录数智电子沙盘时，需要录入用户名、密码和验证码，如图3-1所示。

图 3-1　登录数智电子沙盘

用户登录后，需要立即修改密码。设置的新密码需要符合系统设定的密码规则，按照系统指示设置即可。修改密码完成后，单击【确定】按钮，进入沙盘世界主界面，如图3-2所示。

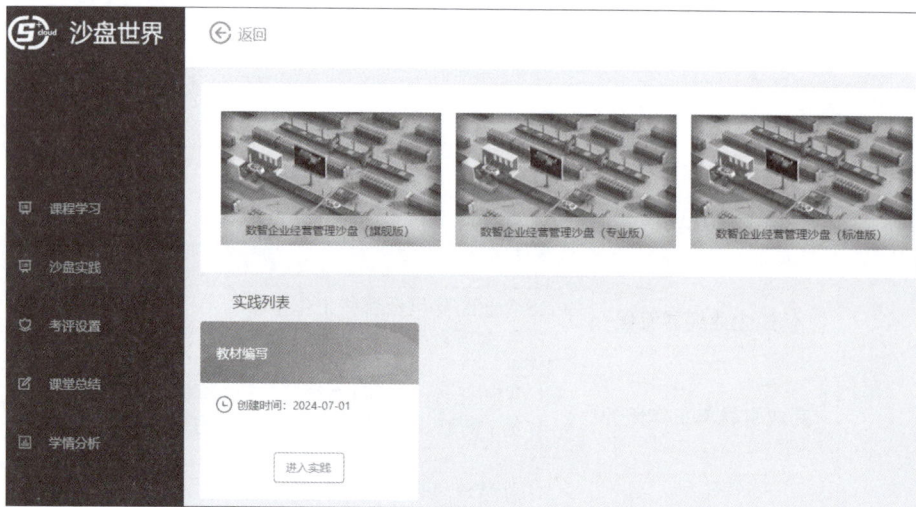

图 3-2　沙盘世界主界面

2. 沙盘世界概览

沙盘世界主界面分为三个区域。

主界面左侧为主菜单，考虑到教学管理需要，沙盘世界提供了课程学习、沙盘实践、考评设置、课堂总结和学情分析功能。

主界面右侧上方显示数智企业经营管理沙盘的不同版本，本教程基于标准版。

主界面右侧下方的实践列表中显示已创建的教学班。

1) 课程学习

数智沙盘是承载数智沙盘企业经营的电子平台，集成了关于数智沙盘企业经营的多个版本，包括旗舰版、专业版、标准版等。单击对应课程，如"标准版"，进入课程介绍，如图3-3所示。

图 3-3　标准版课程介绍

单击【进入学习】按钮，可以看到针对不同主题的学习资料，如图3-4所示。

图 3-4　课程学习资源

2) 沙盘实践

沙盘实践是进入电子沙盘操作界面的入口。在图3-2所示的沙盘世界主界面中，单击教学班的【进入实践】按钮，进入沙盘实践主界面，如图3-5所示。

图 3-5　沙盘实践主界面

在沙盘实践主界面中，主要包括以下三项内容。

(1) 实践信息。

单击【查看规则】按钮，可以看到数智沙盘模拟课程的规则设定。

单击【进入实践】按钮，可以进入企业运营主界面，如图3-6所示。

图 3-6　企业运营主界面

在企业运营主界面中，针对不同的管理角色设计了"财""人""产""销"四个入口。

单击【销】按钮，即以营销总监角色进入沙盘世界。营销总监工作界面如图3-7所示。

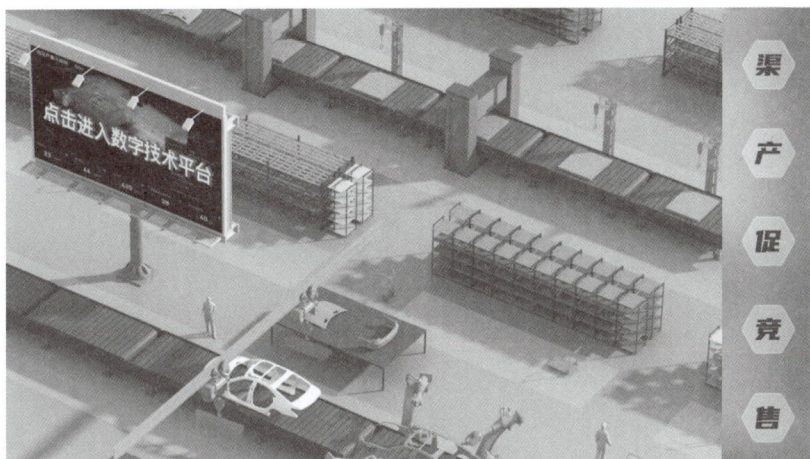

图 3-7　营销总监工作界面

单击【人】按钮，即以人力总监角色进入沙盘世界。人力总监工作界面如图3-8所示。

图 3-8　人力总监工作界面

单击【产】按钮，即以运营总监角色进入沙盘世界。运营总监工作界面如图3-9所示。

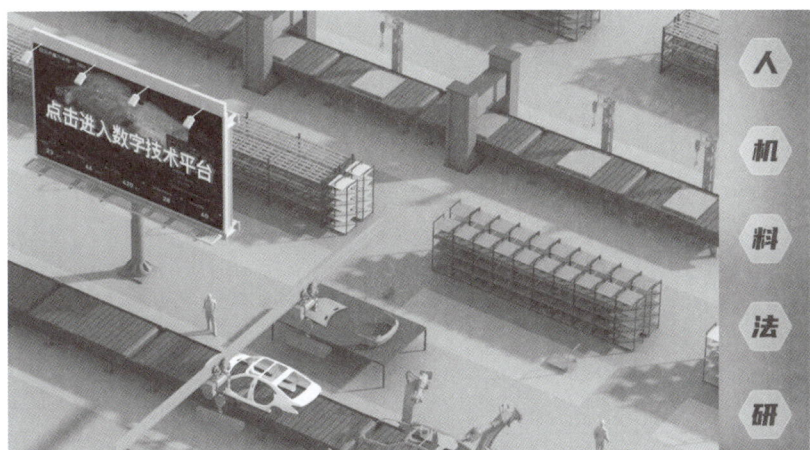

图 3-9　运营总监工作界面

单击【财】按钮，即以财务总监角色进入沙盘世界。财务总监工作界面如图3-10所示。

图 3-10　财务总监工作界面

不同管理角色的工作界面中概述了该角色的工作职能，如表3-1所示。

表3-1　不同角色视角下的沙盘菜单

角色	沙盘菜单	功能概述	工作内容
财务总监(财)	融	融资管理	申请直接融资、短贷或长贷
	收	应收款管理	应收账款收回或贴现
	付	应付款管理	支付应付账款
	费	费用管理	支付管理费用
	控	预算控制	输入各机构预算数据
	表	报表管理	按照业务实际发生情况填写报表
人力总监(人)	选	招聘管理	为新员工发offer
	用	岗位管理	为工人发薪
	育	培训管理	支付培训费
	留	激励管理	支付激励费用
运营总监(产)	人	工人管理	在职工人查看，填写用工需求
	机	设备管理	设备购置、开工
	料	库存管理	原料订单、原料库存和产品库存管理
	法	设计管理	产品设计、历史版本查询
	研	研发管理	为新特性研发支付研发费用

（续表）

角色	沙盘菜单	功能概述	工作内容
营销总监(销)	渠	渠道管理	开拓国内、亚洲、国际市场
	产	产品管理	产品资质申请 ISO认证申请
	促	促销管理	各市场广告投放
	竞	竞单管理	按需输入对应产品数量，申请销售订单
	售	交付管理	订单交货

(2) 实践控制台。

可以查看企业运营到第×年第×季。

(3) 实践企业分组。

可以查看所有企业的人员及担任的角色。

任务二 认知企业经营流程

企业经营流程指明了企业经营各项工作之间的逻辑关系，为新晋管理层提供了开展工作的指导。企业经营流程如表3-2所示。

表3-2 企业经营流程

任务分类	任务	主要负责人
年初任务	市场分析及预测	营销总监
	制定企业竞争战略	总经理
	制订新年度计划	所有业务总监
	审核业务计划，录入部门预算	总经理(财务总监)
	投放促销广告	营销总监
	订货大会	营销总监
每季度任务	融、收、付、费、控、表	总经理(财务总监)
	选、用、育、留	人力总监
	人、机、料、法、研	运营总监
	渠、产、促、竞、售	营销总监

(续表)

任务分类	任务	主要负责人
年末任务	提交财务报表	财务总监
	查看经营结果	所有业务总监
	持续经营	所有业务总监

任务三 完成引导年工作任务

每年的企业经营都包括了若干任务，按照任务执行时间，将任务分为年初任务、每季度任务和年末任务。

1. 年初任务

1) 市场分析及预测

企业经营伊始，系统会以经销商订单表的形式向各企业公布市场需求信息，营销总监务必仔细分析订单表中的数据，洞察不同产品的需求趋势、市场规模及消费者的偏好变化。同时，企业其他管理角色也应适当关注这些信息，以便更好地协同工作。基于这些数据，营销总监需要进行市场预测，并据此制定和调整营销策略，为企业产品开发和市场拓展提供有力支持。

经销商订单表中提供了未来四年每个季度的经销商需求，明确了市场、产品、特性、参考价格、数量、交货期、账期、认证要求等信息。以数智沙盘标准版为例，经销商订单表如表3-3所示。

表3-3 经销商订单表

年份	季度	编号	市场	产品	特性	参考价格(元)	数量	交货期(季)	账期(季)	认证
1	2	1	国内市场	小羊单车	安全舒适	2 500	25 000	4	1	ISO 9000
1	2	2	国内市场	小羊单车	外形拉风	2 400	500	4	2	ISO 9000
1	2	3	国内市场	小羊单车	外形拉风	2 400	1 000	3	1	ISO 9000
1	2	4	国内市场	小羊单车	外形拉风	2 400	250	4	2	ISO 9000
1	2	5	国内市场	小羊单车	外形拉风	2 300	2 500	4	2	ISO 9000

（续表）

年份	季度	编号	市场	产品	特性	参考价格(元)	数量	交货期(季)	账期(季)	认证
1	2	6	国内市场	小羊摩托	安全舒适	3 600	250	4	1	ISO 9000
1	2	7	国内市场	小羊摩托	科技体验	3 500	250	3	1	ISO 9000
1	2	8	国内市场	小羊摩托	科技体验	3 500	1 000	4	2	ISO 9000
1	2	9	国内市场	小羊摩托	科技体验	3 500	500	4	2	ISO 9000
1	2	10	国内市场	小羊摩托	外形拉风	3 400	2 500	4	2	ISO 9000
1	3	11	国内市场	小羊单车	外形拉风	2 200	2 500	4	2	ISO 9000
1	3	12	国内市场	小羊单车	科技体验	2 200	2 500	4	2	ISO 9000
1	3	13	国内市场	小羊摩托	外形拉风	3 300	2 500	4	2	ISO 9000
1	3	14	国内市场	小羊摩托	科技体验	3 300	2 500	4	2	ISO 9000
2	1	15	国内市场	小羊单车	安全舒适	2 800	500	2	1	ISO 9000
2	1	16	国内市场	小羊单车	科技体验	2 600	750	4	2	ISO 21000
2	1	17	国内市场	小羊单车	科技体验	2 700	1 000	3	1	ISO 9000
2	1	18	国内市场	小羊单车	外形拉风	2 600	1 250	2	2	ISO 21000
2	1	19	国内市场	小羊单车	外形拉风	2 600	2 500	4	2	ISO 9000
2	1	20	国内市场	小羊摩托	安全舒适	4 100	250	2	1	ISO 9000
2	1	21	国内市场	小羊摩托	科技体验	4 000	250	4	2	ISO 21000
2	1	22	国内市场	小羊摩托	科技体验	4 000	1 000	4	2	ISO 21000

（续表）

年份	季度	编号	市场	产品	特性	参考价格(元)	数量	交货期(季)	账期(季)	认证
2	1	23	国内市场	小羊摩托	科技体验	4 000	500	4	2	ISO 21000
2	1	24	国内市场	小羊摩托	外形拉风	3 900	2 500	3	1	ISO 9000
2	1	25	亚洲市场	小羊单车	安全舒适	3 000	500	2	1	ISO 9000
2	1	26	亚洲市场	小羊单车	安全舒适	2 800	1 000	3	2	ISO 9000
2	1	27	亚洲市场	小羊单车	科技体验	2 800	750	2	1	ISO 21000
2	1	28	亚洲市场	小羊单车	科技体验	2 700	500	4	2	ISO 21000
2	1	29	亚洲市场	小羊单车	科技体验	2 500	2 500	4	2	ISO 21000
2	1	30	亚洲市场	小羊摩托	外形拉风	4 200	500	3	1	ISO 21000
2	1	31	亚洲市场	小羊摩托	科技体验	4 200	750	2	1	ISO 21000
2	1	32	亚洲市场	小羊摩托	安全舒适	4 200	1 250	3	2	ISO 9000
2	1	33	亚洲市场	小羊摩托	安全舒适	4 100	2 500	2	1	ISO 9000
2	1	34	亚洲市场	小羊摩托	科技体验	4 000	1 250	4	2	ISO 9000
2	1	35	亚洲市场	小羊摩托	科技体验	4 000	500	4	2	ISO 21000
2	1	36	亚洲市场	小羊摩托	外形拉风	3 700	2 500	4	2	ISO 21000
2	2	37	国内市场	小羊单车	外形拉风	2 600	2 500	4	2	ISO 21000
2	2	38	国内市场	小羊摩托	科技体验	3 900	2 500	4	2	ISO 21000
2	2	39	亚洲市场	小羊单车	外形拉风	2 600	2 500	4	2	ISO 21000

年份	季度	编号	市场	产品	特性	参考价格(元)	数量	交货期(季)	账期(季)	认证
2	2	40	亚洲市场	小羊摩托	科技体验	3 900	2 500	4	2	ISO 21000
3	1	41	国内市场	小羊单车	安全舒适	2 500	250	4	1	ISO 9000
3	1	42	国内市场	小羊单车	外形拉风	2 400	500	3	2	ISO 21000
3	1	43	国内市场	小羊单车	外形拉风	2 400	1 000	2	1	ISO 26000
3	1	44	国内市场	小羊单车	外形拉风	2 400	250	3	2	ISO 21000
3	1	45	国内市场	小羊单车	外形拉风	2 300	2 500	2	2	ISO 21000
3	1	46	国内市场	小羊摩托	安全舒适	3 400	250	2	1	ISO 26000
3	1	47	国内市场	小羊摩托	科技体验	3 500	1 000	4	2	ISO 21000
3	1	48	国内市场	小羊摩托	科技体验	3 500	500	4	2	ISO 21000
3	1	49	国内市场	小羊摩托	外形拉风	3 400	2 500	3	1	ISO 26000
3	1	50	国内市场	小羊pro	外形拉风	5 600	5 000	2	1	ISO 26000
3	1	51	国内市场	小羊pro	科技体验	5 600	5 000	4	2	ISO 21000
3	1	52	国内市场	小羊pro	科技体验	5 700	1 500	4	2	ISO 21000
3	1	53	国内市场	小羊pro	安全舒适	5 600	5 000	4	2	ISO 21000
3	1	54	国内市场	小羊pro	安全舒适	5 700	1 500	3	1	ISO 26000
3	1	55	亚洲市场	小羊单车	安全舒适	2 400	1 000	3	2	ISO 26000
3	1	56	亚洲市场	小羊单车	科技体验	2 400	750	2	1	ISO 21000

（续表）

年份	季度	编号	市场	产品	特性	参考价格(元)	数量	交货期(季)	账期(季)	认证
3	1	57	亚洲市场	小羊单车	科技体验	2 300	1 000	4	2	ISO 21000
3	1	58	亚洲市场	小羊单车	科技体验	2 000	5 000	4	2	ISO 21000
3	1	59	亚洲市场	小羊摩托	外形拉风	3 700	1 000	3	1	ISO 26000
3	1	61	亚洲市场	小羊摩托	安全舒适	3 700	2 500	3	2	ISO 21000
3	1	62	亚洲市场	小羊摩托	安全舒适	3 600	5 000	2	1	ISO 21000
3	1	63	亚洲市场	小羊摩托	科技体验	3 500	2 500	4	2	ISO 21000
3	1	64	亚洲市场	小羊摩托	科技体验	3 500	1 000	4	2	ISO 26000
3	1	65	亚洲市场	小羊摩托	外形拉风	3 300	5 000	4	2	ISO 26000
3	1	66	亚洲市场	小羊pro	外形拉风	5 700	2 500	2	2	ISO 21000
3	1	67	亚洲市场	小羊pro	科技体验	5 700	2 500	4	1	ISO 21000
3	1	68	亚洲市场	小羊pro	安全舒适	5 800	1 000	3	2	ISO 26000
3	1	69	亚洲市场	小羊pro	安全舒适	5 900	1 000	3	2	ISO 26000
3	1	70	国际市场	小羊摩托	外形拉风	3 800	1 000	3	1	ISO 26000
3	1	71	国际市场	小羊摩托	安全舒适	3 800	2 500	3	2	ISO 21000
3	1	72	国际市场	小羊摩托	安全舒适	3 700	5 000	2	1	ISO 21000
3	1	73	国际市场	小羊摩托	科技体验	3 600	2 500	4	2	ISO 21000
3	1	74	国际市场	小羊摩托	科技体验	3 600	1 000	4	2	ISO 26000

年份	季度	编号	市场	产品	特性	参考价格(元)	数量	交货期(季)	账期(季)	认证
3	1	75	国际市场	小羊摩托	外形拉风	3 400	5 000	4	2	ISO 26000
3	1	76	国际市场	小羊pro	外形拉风	5 900	2 500	2	2	ISO 21000
3	1	77	国际市场	小羊pro	科技体验	5 900	2 500	4	1	ISO 21000
3	1	78	国际市场	小羊pro	安全舒适	6 100	1 000	3	2	ISO 26000
3	1	79	国际市场	小羊pro	安全舒适	6 100	1 000	3	2	ISO 26000
3	2	80	国内市场	小羊单车	安全舒适	2 200	2 500	4	2	ISO 26000
3	2	81	国内市场	小羊摩托	安全舒适	3 300	2 500	4	2	ISO 26000
3	2	82	亚洲市场	小羊摩托	安全舒适	3 300	2 500	2	2	ISO 21000
3	2	83	亚洲市场	小羊pro	安全舒适	5 100	2 500	4	1	ISO 21000
3	2	84	国际市场	小羊单车	安全舒适	2 300	2 500	3	2	ISO 26000
3	2	85	国际市场	小羊pro	安全舒适	5 200	2 500	3	2	ISO 26000
4	1	86	国内市场	小羊单车	安全舒适	2 500	5 000	4	2	ISO 26000
4	1	87	国内市场	小羊摩托	安全舒适	3 700	5 000	2	2	ISO 21000
4	1	88	国内市场	小羊pro	外形拉风	6 100	2 500	4	1	ISO 21000
4	1	89	国内市场	小羊pro	科技体验	6 100	1 250	3	2	ISO 26000
4	1	90	国内市场	小羊pro	安全舒适	6 300	1 500	3	2	ISO 26000
4	1	91	亚洲市场	小羊单车	安全舒适	2 200	5 000	4	2	ISO 26000

(续表)

年份	季度	编号	市场	产品	特性	参考价格(元)	数量	交货期(季)	账期(季)	认证
4	1	92	亚洲市场	小羊摩托	安全舒适	3 700	5 000	2	2	ISO 21000
4	1	93	亚洲市场	小羊pro	外形拉风	6 200	2 500	4	1	ISO 21000
4	1	94	亚洲市场	小羊pro	科技体验	6 300	1 250	3	2	ISO 26000
4	1	95	亚洲市场	小羊pro	安全舒适	6 400	1 500	3	2	ISO 26000
4	1	96	国际市场	小羊pro	外形拉风	5 800	1 500	2	2	ISO 21000
4	1	97	国际市场	小羊pro	科技体验	5 900	1 500	4	1	ISO 21000
4	1	98	国际市场	小羊pro	安全舒适	6 700	1 500	3	2	ISO 26000
4	1	99	国际市场	小羊pro	安全舒适	6 700	500	3	2	ISO 26000
4	2	100	国内市场	小羊单车	安全舒适	2 200	2 500	4	2	ISO 26000
4	2	101	国内市场	小羊摩托	安全舒适	3 300	2 500	4	2	ISO 26000
4	2	102	亚洲市场	小羊摩托	安全舒适	3 300	2 500	2	2	ISO 21000
4	2	103	亚洲市场	小羊pro	安全舒适	5 100	2 500	4	1	ISO 21000
4	2	104	国际市场	小羊单车	安全舒适	2 300	2 500	3	2	ISO 26000
4	2	105	国际市场	小羊pro	安全舒适	5 200	2 500	3	2	ISO 26000

在沙盘世界主界面上，单击【查看规则】，即可看到经销商订单表。

2) 制定企业竞争战略

基于市场环境分析的结果，总经理与管理团队需要为企业制定明确的竞争战略，包括细分市场选择、产品选择、营销策略等。总经理还需对不同产品线的潜力进行全面评估，选择那些最能支持企业战略并实现长期增长的产品进行重点开发。在制定竞争策略时，总经理需特别关注产品的差异化，在创新、品质、服务等方面与竞争对手形成明显区别，从而赢得市场份额和消费者认可。企业经营战略制定和竞争策略决策环节旨在培养总经理的战略思维、市场洞察力和决策能力。

3) 制订新年度计划

在企业战略指导下，总经理和所有总监(营销总监、生产总监、财务总监、人力总监)需共同制订年度运营计划。各位总监需要制订详细的计划明细，涵盖生产、销售、市场、财务等方面。营销总监负责市场推广和销售策略，生产总监关注生产计划和产能安排，财务总监负责预算编制和成本控制，人力总监则关注人员配置和培训发展。通过共同制订和执行新年度计划，旨在培养各位总监的长期规划能力和执行能力，使他们能够在复杂多变的市场环境中，协同合作，共同推动企业的持续稳健发展。

在制订年度计划的同时，需要进行业务预算。通过计划将企业的供产销活动有机结合起来，使企业的各项工作计划形成一个整体。

4) 审核业务计划，录入部门预算

常言道，凡事预则立，不预则废。预算是企业经营决策和长期投资决策目标的一种数量表现，即通过有关的数据将企业全部经济活动的各项目标具体地、系统地反映出来。

预算控制涉及三个关键部门，即市场营销部、生产设计部和人力资源部，务必确保对这三个部门的预算进行准确控制和审核。

在财务总监工作界面中，单击【控】按钮，进入"预算控制"页面。在对应部门的"本季度预算"栏中准确填写预算金额，且三个部门的预算需同时填写，如图3-11所示。一旦单击【确定】按钮，预算划拨即告成功，之后将无法进行更改。每季度预算金额会在下季度的"上季度预算"栏中显示；同时"上季度使用"栏将展示本部门具体使用的金额；"使用率"栏则显示资金使用金额占已划拨金额的比例，若该比例低于80%或高于120%，将对企业得分造成-10 000的影响。

当预算额度用尽时，可根据使用情况多次向财务总监申请预算，财务总监将根据实际情况决定是否批准。在此过程中，申请预算页面无须财务总监填写具体金额，系统将自动计算。

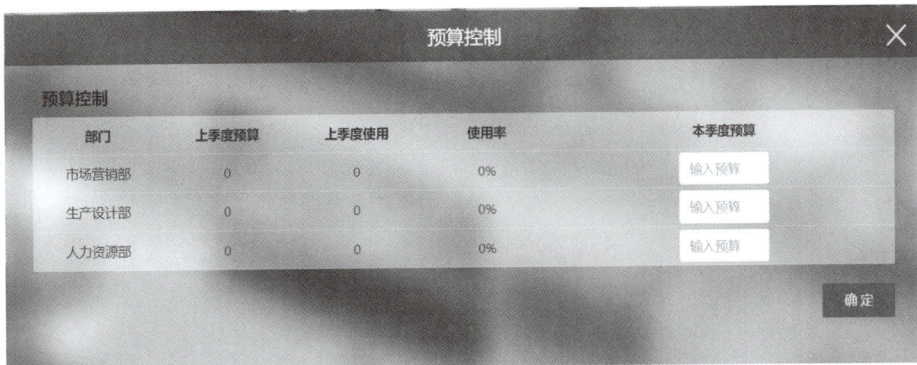

预算控制				
部门	上季度预算	上季度使用	使用率	本季度预算
市场营销部	0	0	0%	输入预算
生产设计部	0	0	0%	输入预算
人力资源部	0	0	0%	输入预算

确定

图 3-11　录入部门预算

5) 投放促销广告

根据经营计划和竞争战略，在相应的细分市场投放广告。

在营销总监工作界面中单击【促】按钮，进入"促销管理"页面，如图3-12所示。按照市场录入促销广告，单击【投放】按钮。

促销广告可于竞单结束前多次投放，总额度累加。

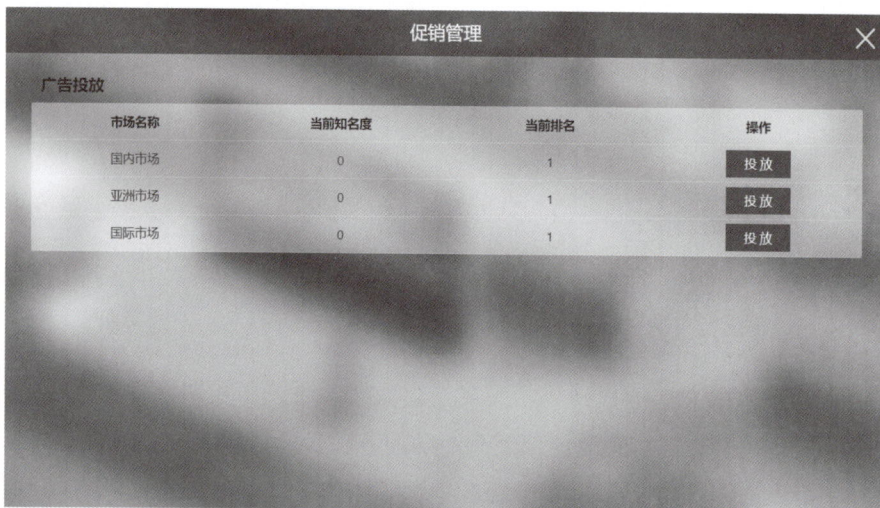

图 3-12　投放促销广告

6) 订货大会

在订货大会上，根据竞单规则，企业参与竞单并获得与战略相符合的销售订单。

在营销总监工作界面上，单击【竞】按钮，进入"竞单管理"页面，页面上显示所有可申报的订单，如图3-13所示。

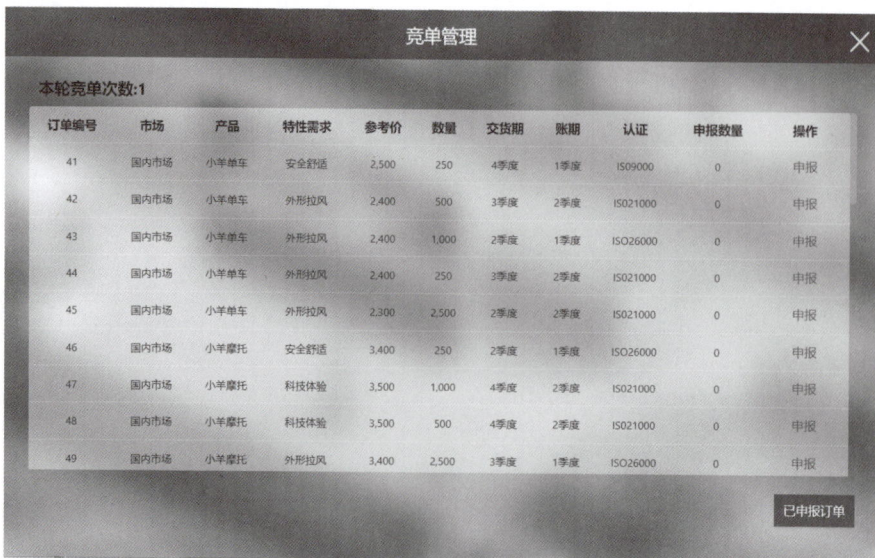

订单编号	市场	产品	特性需求	参考价	数量	交货期	账期	认证	申报数量	操作
41	国内市场	小羊单车	安全舒适	2,500	250	4季度	1季度	ISO9000	0	申报
42	国内市场	小羊单车	外形拉风	2,400	500	3季度	2季度	ISO21000	0	申报
43	国内市场	小羊单车	外形拉风	2,400	1,000	2季度	1季度	ISO26000	0	申报
44	国内市场	小羊单车	外形拉风	2,400	250	3季度	2季度	ISO21000	0	申报
45	国内市场	小羊单车	外形拉风	2,300	2,500	2季度	2季度	ISO21000	0	申报
46	国内市场	小羊摩托	安全舒适	3,400	250	2季度	1季度	ISO26000	0	申报
47	国内市场	小羊摩托	科技体验	3,500	1,000	4季度	2季度	ISO21000	0	申报
48	国内市场	小羊摩托	科技体验	3,500	500	4季度	2季度	ISO21000	0	申报
49	国内市场	小羊摩托	外形拉风	3,400	2,500	3季度	1季度	ISO26000	0	申报

图 3-13　竞单管理

针对意向订单，单击【申报】按钮，打开"申报"对话框。填写申报价格和申报数量，如图3-14所示。

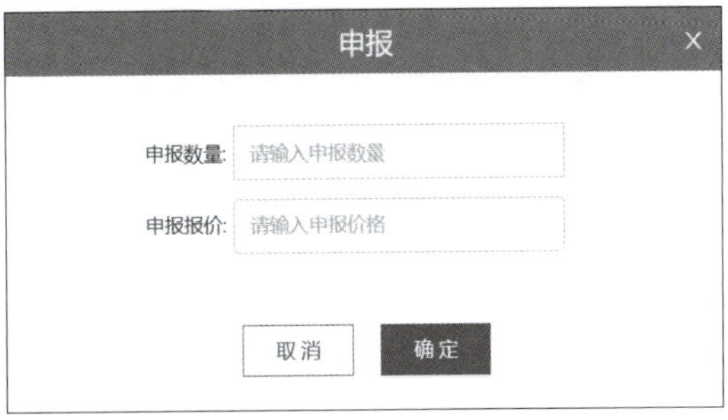

图 3-14　申报订单

竞单结束后，在"竞单管理"页面中单击【已申报订单】按钮，可查看最终分配结果。

2. 第1季度运营

引导年第1季度各角色工作任务如表3-4所示。

表3-4　引导年第1季度各角色工作任务

岗位	任务描述	具体要求	备注
财务	预算控制	市场营销部：50 000元 生产设计部：304 700元 人力资源部：0元	先于其他工作之前完成
财务	融资管理	短期贷款200 000元	
财务	费用管理	支付管理费1 500元	
营销	渠道开拓	国内市场	
营销	产品资质申请	P1	
营销	ISO资质申请	ISO 9000	
运营	新增设备	3条自动线，P1	
运营	订购原料	R1：200，R2：200	
运营	产品设计	P1T3	
运营	研发管理	T3　1→10	
人力	招聘	2个普通工人、4个高级工人	给期望工资

1) 融资管理

在财务总监工作界面中单击【融】按钮，进入"融资管理"页面，如图3-15所示。按需录入融资套餐名称和额度，单击【确定】按钮。

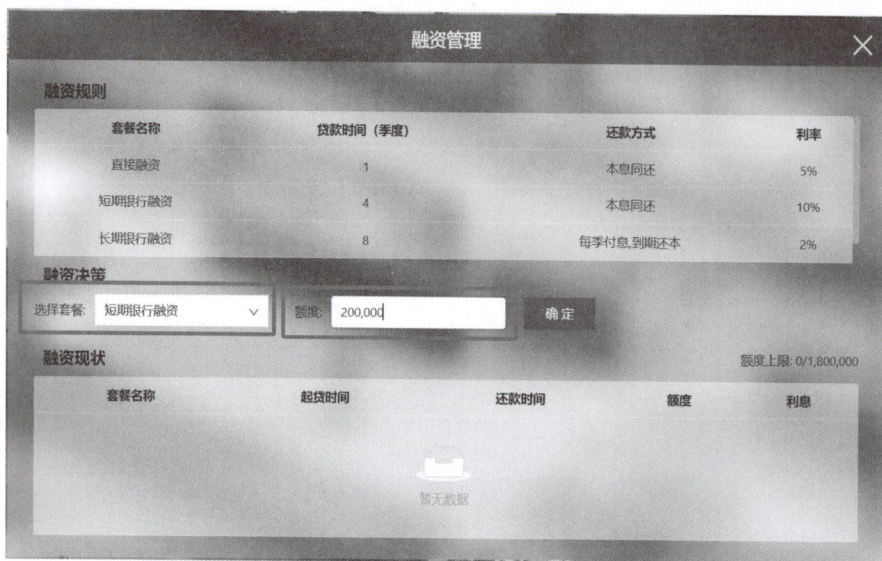

图 3-15　融资管理

2) 费用管理

在财务总监工作界面中单击【费】按钮，进入"费用管理"页面，如图3-16所示。按系统规定的费用额度，单击【缴纳】按钮，进行管理费缴费。

图 3-16　缴纳管理费

3) 渠道开拓

在营销总监工作界面中单击【渠】按钮，进入"渠道管理"页面，如图3-17所示。按需选择对应渠道市场，单击【开拓】按钮。

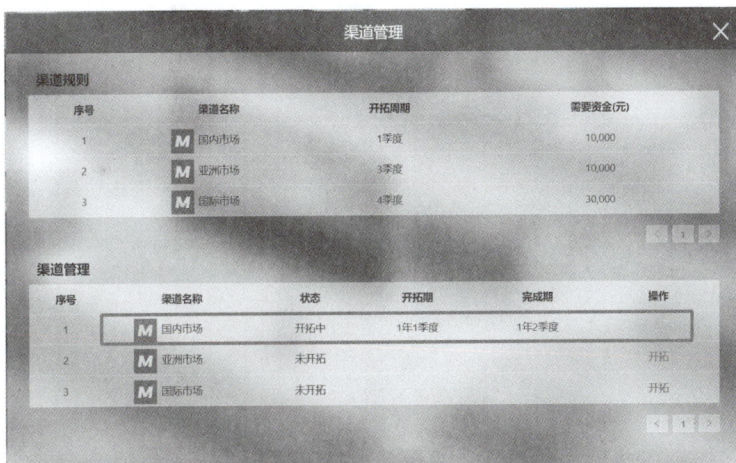

图 3-17　缴纳渠道开拓费

4) 产品/ISO资质申请

在营销总监工作界面中单击【产】按钮，进入"产品管理"页面，如图3-18所示。切换"产品资质状态"和"ISO认证状态"页签，按需单击【申请】按钮，申请对应资质即可。

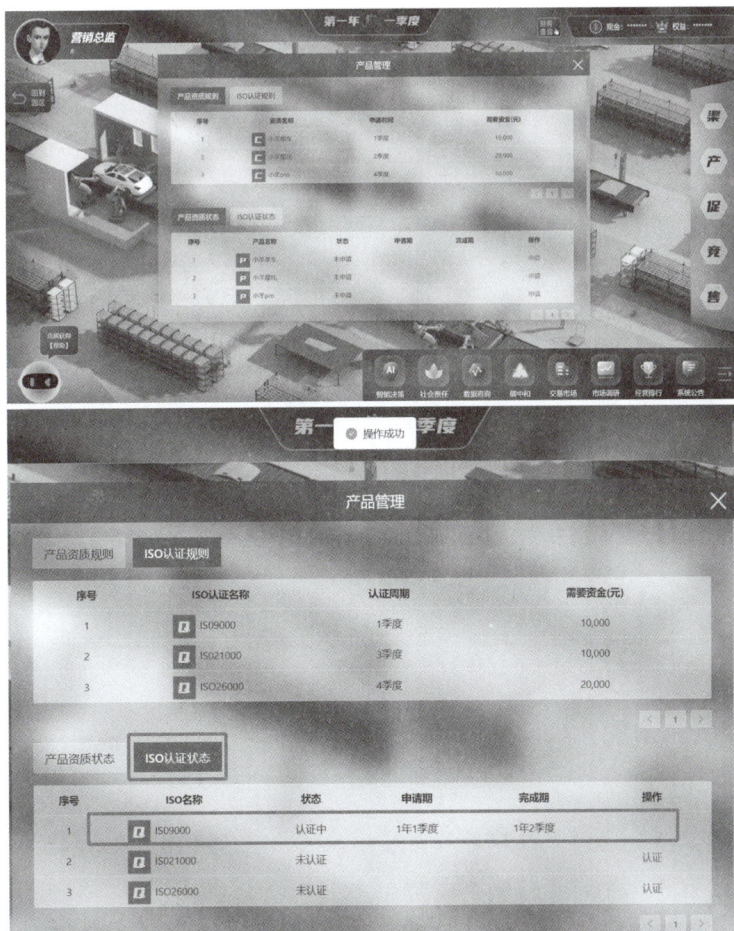

图 3-18　产品管理

5) 新增设备

在运营总监工作界面中单击【机】按钮，进入"设备管理"页面，如图3-19所示。按需录入选择的线型和产品，单击【新增】按钮。

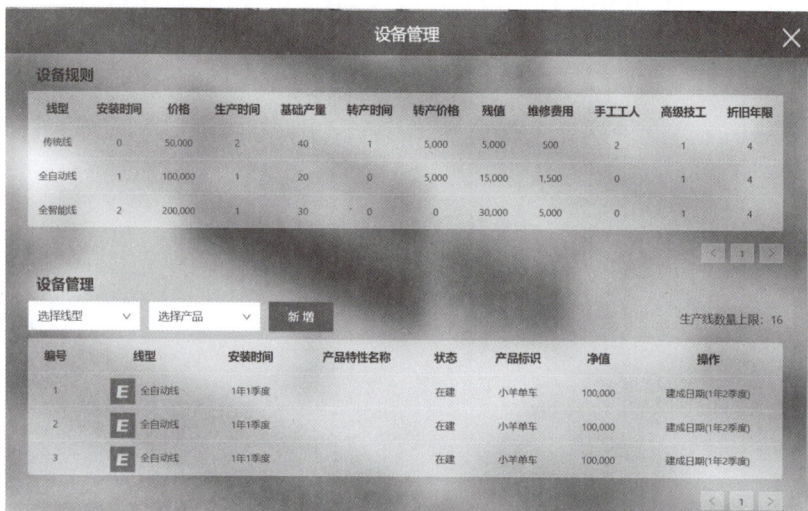

图 3-19　设备管理

6) 订购原料

在运营总监工作界面中单击【料】按钮，进入"库存管理"页面，如图3-20所示。按需录入订购原料数量，单击【下单】按钮。

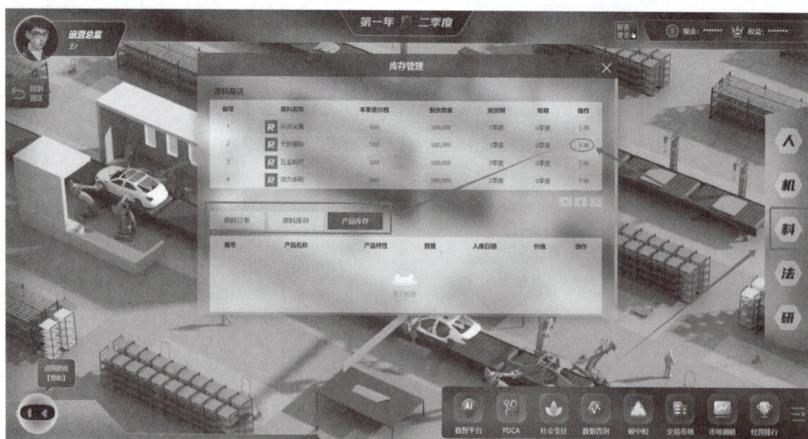

图 3-20　库存管理

在"原料订单""原料库存"和"产品库存"页签中可查看到相关信息。

注意:

◇　在"原料库存"和"产品库存"页签中的【出售】(见图3-21)是指资产变现，即直接出售在仓库中的原料和产成品，并非产品销售。

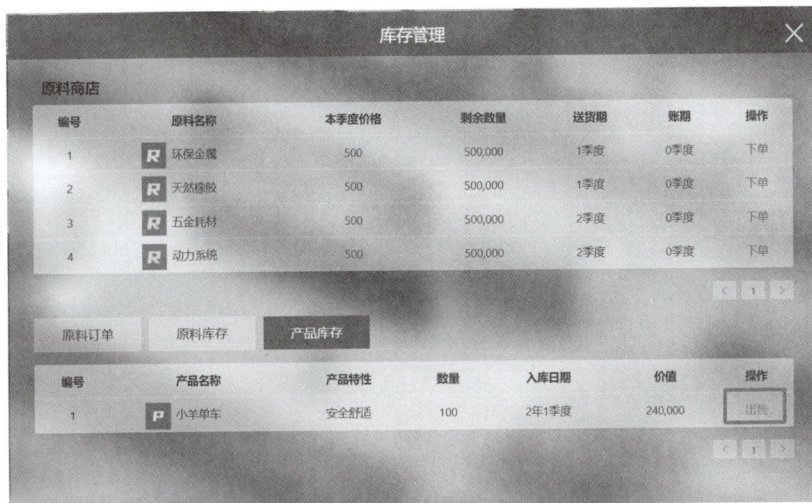

图 3-21　出售库存

7) 招聘管理

在人力总监工作界面中单击【选】按钮，进入"招聘管理"页面，如图3-22所示。

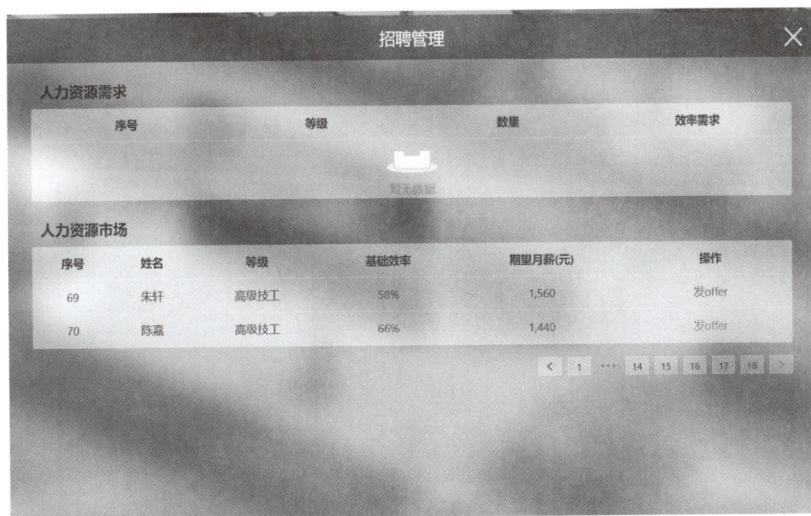

图 3-22　招聘管理

按需单击【发offer】按钮，在"OFFER管理"对话框中录入"您的薪酬为"金额，如图3-23所示，单击【确定】按钮。

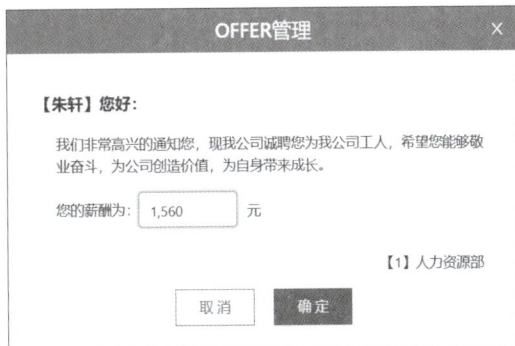

图 3-23　OFFER 管理

招聘完成之后，在"招聘管理"页面可以查看对应人员信息，如图3-24所示。

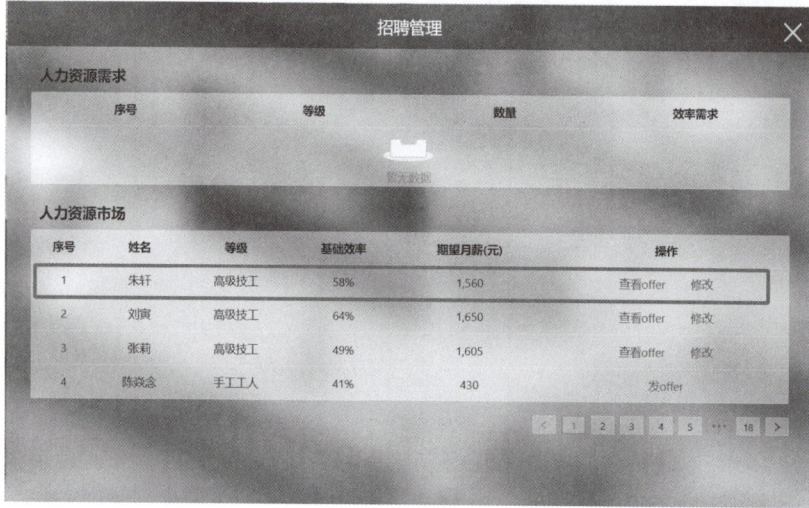

图 3-24　查看招聘人员信息

3. 第2季度工作

引导年第2季度各角色工作任务如表3-5所示。

表3-5　引导年第2季度各角色工作任务

岗位	任务描述	具体要求	备注
财务	预算控制	营销：40 000元 生产设计：275 300元 人力资源：0元	
财务	融资	短贷：200 000元	
财务	管理费	管理费：1 500元	
营销	渠道开拓	区域市场	
营销	产品资质申请	P2	
营销	ISO资质申请	ISO 21000	
营销	选单	订单1，250个	
生产	新增设备	传统线，P1	
生产	原料收货	R1：200，R2：200	

在运营总监界面中单击【料】按钮，在"库存管理"页面中，查看原料订单，查看"操作"列，确认原料是否可以收货，如图3-25所示。

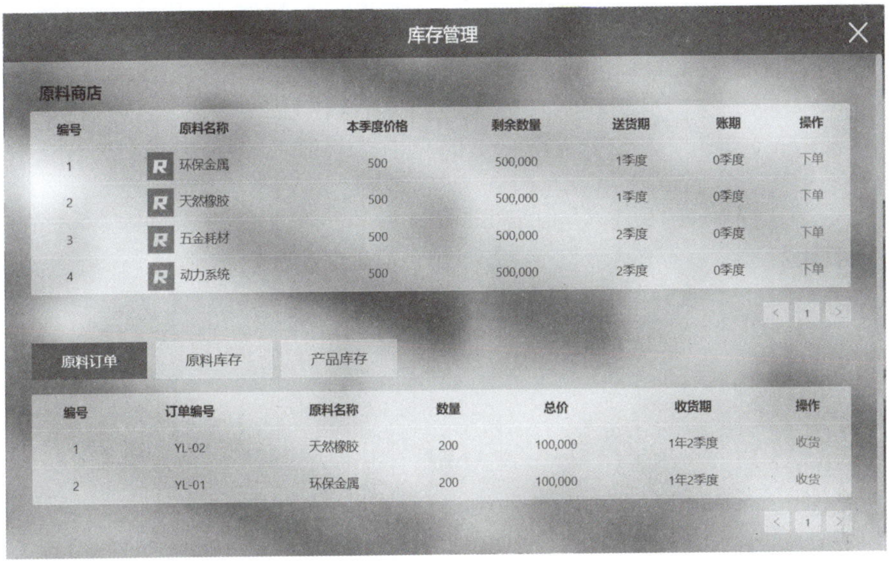

图 3-25 原料收货

4. 第3季度工作

引导年第3季度各角色工作任务如表3-6所示。

表3-6 引导年第3季度各角色工作任务

岗位	任务描述	具体要求	备注
财务	预算控制	营销：0元 生产设计：359 600元 人力资源：30 000元	
财务	融资	长贷：50W	
财务	管理费	管理费：1 500元	
人力资源	发薪	计算得出	
人力资源	激励	不足60的激励到60	
生产	原料收货	R1：150，R2：150	
生产	工人管理	派工，保存产能	
生产	开产	更新BOM，开产	
生产	原料订货	R1：150，R2：150	

1) 发薪

在人力总监工作界面中单击【用】按钮，进入"岗位管理"页面，如图3-26所示。根据人才列表数据支付工资，单击【统一发薪】按钮。

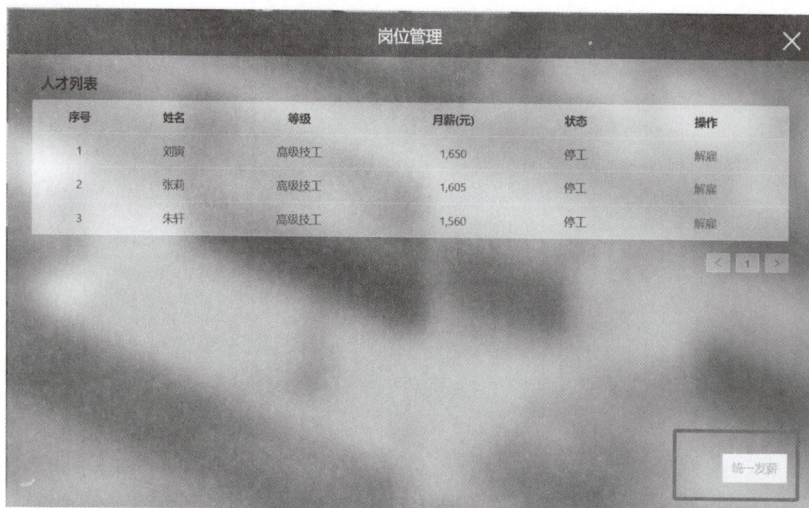

图 3-26　发薪

2) 激励

在人力总监工作界面中单击【留】按钮，进入"激励管理"页面，如图3-27所示。根据人才列表数据，单击【涨薪】或【激励】按钮。

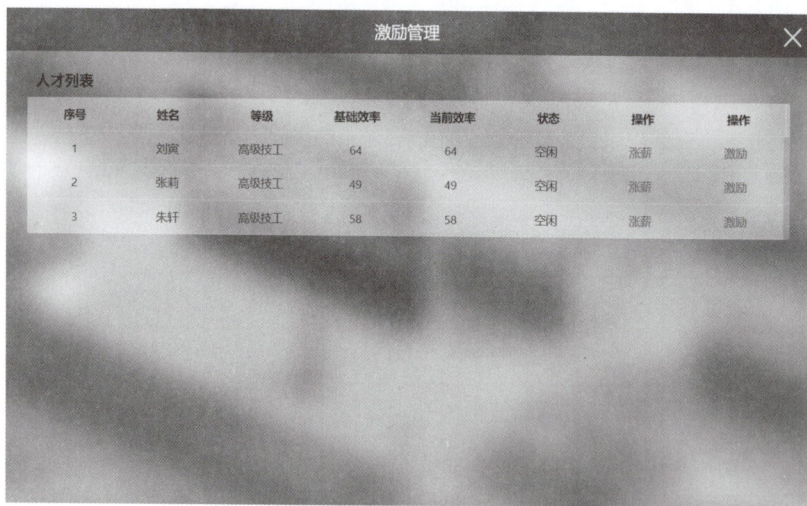

图 3-27　激励

3) 工人管理

在运营总监工作界面中单击【产】按钮，进入"工人管理"页面，如图3-28所示。按要求维护"班次""手工工人""高级技工"项目，并单击【保存】按钮。之后可查看生产线实际产能情况。

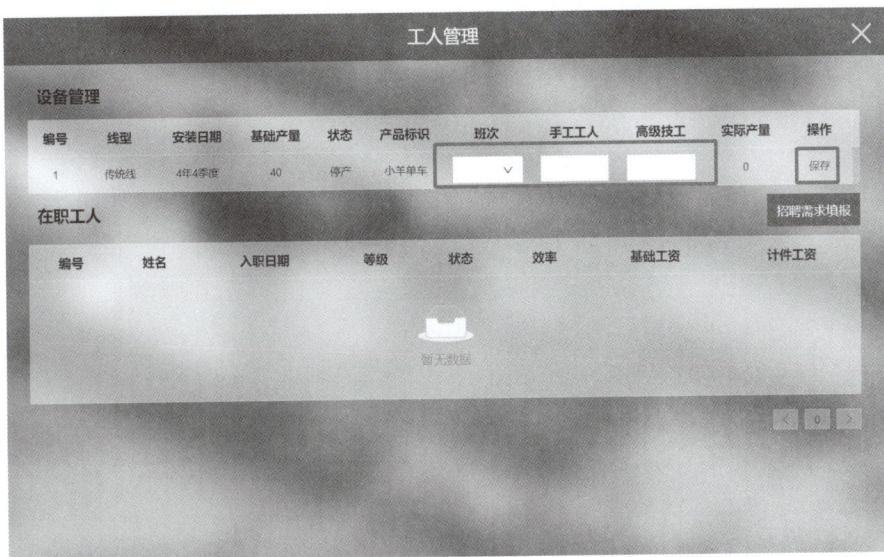

图 3-28　工人管理

4) 开产

在"设备管理"页面中单击【更新BOM】和【开产】按钮，如图3-29所示。

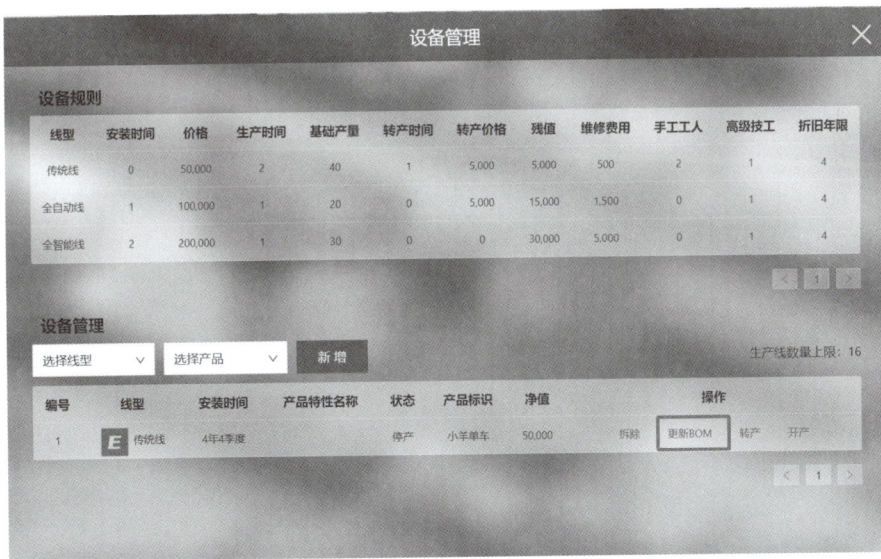

图 3-29　开产

5. 第4季度工作

引导年第4季度各角色工作任务如表3-7所示。

表3-7　引导年第4季度各角色工作任务

岗位	任务描述	具体要求	备注
财务	预算控制	营销：120 000元 生产设计：174 900元 人力资源：25 000元	
财务	管理费	管理费：1 500元，贷款利息：10 000元	
营销	交货	交订单	
财务	收款—贴现	200 000元	
营销	广告投放	自行斟酌，建议小于10万元	
人力资源	发薪	计算得出	
生产	原料收货	R1：150，R2：150	
生产	工人管理	派工，保存产能	

1) 交货

在营销总监界面的"交付管理"页面中，查看经销商订单信息，单击【交货】按钮，进行交货，如图3-30所示。

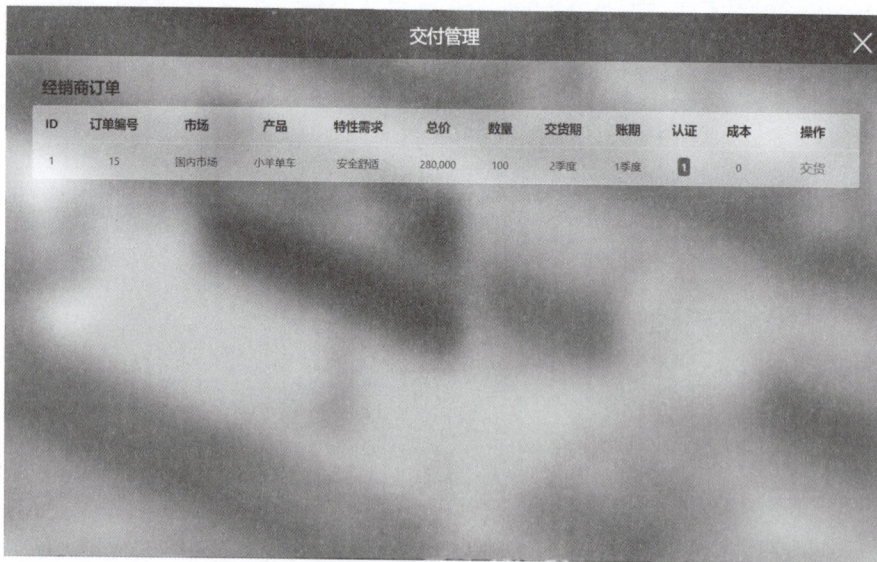

图 3-30　交付管理

2) 收款

对于已交货的订单，可在财务总监界面的"应收账款管理"页面中，查看应收账款信息；未到期的可单击【贴现】按钮，按需进行贴现操作，如图3-31所示。

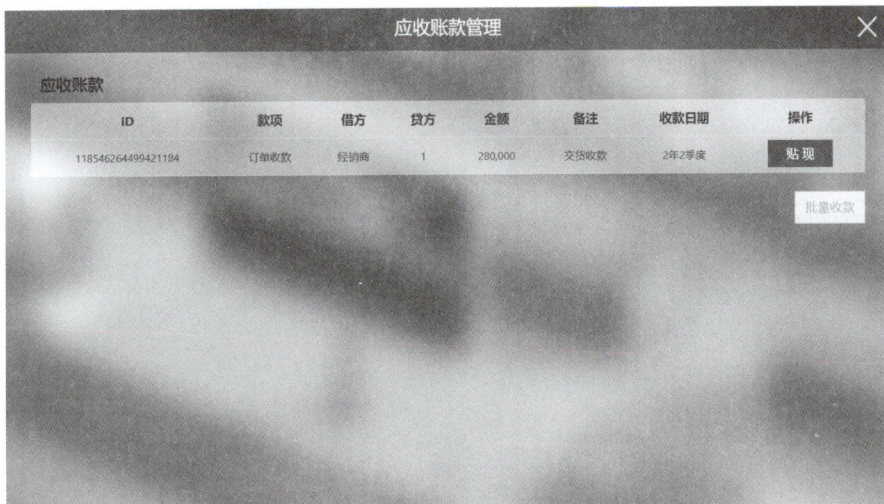

图 3-31　应收账款贴现

对于已到期的账款，直接单击【收款】按钮进行收现操作，如图3-32所示。

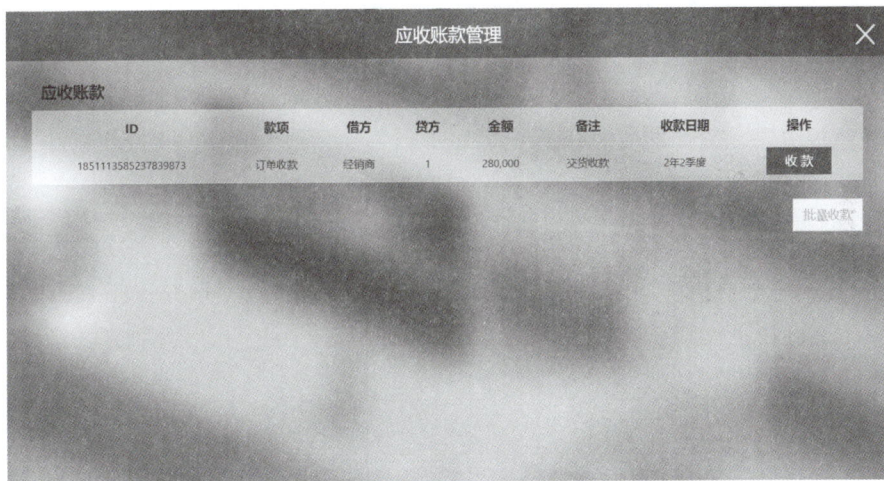

图 3-32　收款

6. 年末工作

1) 提交财务报表

每年经营结束，财务总监需要正确填制综合费用表、利润表、资产负债表等关键财务报表，并准确计算各项财务指标。这些报表和指标是评估企业财务状况和经营成果的重要依据。

通过财务报表分析，能够全面了解企业的收入来源、成本构成、资产与负债状况，以及企业的盈利能力、偿债能力和运营效率。财务分析不仅有助于发现企业财务管理中存在的问题，还能为未来的经营决策提供有力的数据支持。

因此，财务报表的提交与分析是培养财务总监财务管理和报表分析能力的重要环节。通过这一步骤的实践，财务总监将能够更加熟练地运用财务报表工具，为企业的健康发展提供有力的财务保障。

在财务总监工作界面中，单击【表】按钮，进入"报表管理"页面，如图3-33所示。

图 3-33　报表管理

(1) 综合费用表。综合费用表用于记录企业日常运营过程中发生的各项费用，如表3-8所示。其中，"数据来源"一栏提示了该项目数据的获取方式。

表3-8　综合费用表

项目	金额	数据来源
管理费		统计4个季度财务总监缴纳的管理费用
广告费		与营销总监确认本年内广告投放费用的总和
产线维修费		与生产总监确认所有产线本年维修费用
转产费		与生产总监确认所有产线本年转产费用
市场开拓		与营销总监确认本年花费的所有市场开拓费用
产品资质申请		与营销总监确认本年花费的所有产品资质研发费用
ISO认证申请		与营销总监确认本年花费的所有ISO资质申请费用
信息费		与营销总监确认数据咨询费用
产品设计费		与生产总监确认产品设计费用
辞退福利		与人力总监确认本年辞退工人支付的费用
培训费		与人力总监确认本年培训工人支付的费用

（续表）

项目	金额	数据来源
激励费		与人力总监确认本年激励工人支付的费用
人力费		与人力总监确认未上工工人人数，统计发放工资总数
碳中和费用		与生产总监在"碳中和"节点里，中和掉企业排放的碳量所支付的费用
特性研发		与生产总监确认本年特性研发升级的费用
数字化研发费		统计财务、人力、生产总监研发数字化花费的资金
合计		

(2) 利润表。利润表反映了企业本年的经营成果，如表3-9所示。

表3-9　利润表

项目	金额	数据来源
销售收入		与营销总监确认交货订单的收入合计
直接成本		与营销总监确认本年交货订单的直接成本
毛利		销售收入-直接成本
综合费用		综合费用表中的合计数
折旧前利润		毛利-综合费用
折旧		与生产总监确认生产线折旧费
支付利息前利润		折旧前利润-折旧
财务费用		与财务总监确认，本年产生的贴息和利息费用
营业外收支		与财务总监确认，统计本年出售产品、原料、产线损失金额总和
税前利润		支付利息前利润-财务费用-营业外收支
所得税		税前利润×所得税税率25%
净利润		税前利润-所得税

注意：

◇　产品、原料、产线损失为营业外支出，应当填写负数，营业外收入为正数。

◇　所得税计算若出现小数，则四舍五入取整。

◇　缴纳所得税应当先弥补往年年度亏损，直至弥补完才需缴纳税费。

(3) 资产负债表。资产负债表反映了企业的财务状况，如表3-10所示。

表3-10　资产负债表

项目	金额	数据来源	项目	金额	数据来源
现金		查看系统界面中"现金"的余额	长期负债		在财务总监界面的"融资管理"中查看长期贷款累计金额
在制品		在生产总监界面的"设备管理"中查看正在生产中的产品价值	短期负债		在财务总监界面的"融资管理"中查看短期贷款累计金额
应收款		在财务总监界面中,查看"应收账款管理"中未到货及应收未收的货款	其他应付款		与人力总监和生产总监确认未支付的上工工人工资和未支付的材料费用
产成品		在生产总监界面的"库存管理"中查看库房中的"产品库存"价值总和	应交税金		利润表中所得税
原材料		在生产总监界面的"库存管理"中查看库房中的"原料库存"价值总和	负债合计		长期负债、短期负债、其他应付款与应交税金总和
流动资产合计		现金、在制品、应收款、产成品、原材料价值总和	股东资本		初始资金即初始股东资本
土地与设备		查看生产总监界面的"设备管理"中的生产线净值	利润留存		需要通过计算得出结果,公式如下:上年年度净利+上年利润留存
在建工程		与生产总监确认,还未建设成的生产线价值	年度净利		查看利润表中的净利润
固定资产合计		土地与设备+在建工程	所有者权益合计		股东资本、利润留存、年度净利之和
资产合计		流动资产与固定资产之和	负债和所有者权益合计		负债合计+所有者权益之和

2) 查看经营结果

每一年经营结束后,会产生当年经营排行,各企业可查看自己当年的排名情况。

在CEO工作界面中,单击【经营排行】按钮,可直接查询企业经营指标及排名情况,如图3-34所示。

图 3-34　经营排行

7. 持续经营

在连续四个会计年度的经营循环中，各位总监需携手共进，确保企业稳健前行。这一过程中，不仅要关注日常运营和策略调整，还要着眼于未来的发展趋势，尤其是数字化的浪潮。随着技术的不断进步，数字化转型已成为企业不可回避的课题。在这四年里，各位总监需根据企业实际情况，初步探索并配置相应的技术，为企业进入数字化阶段奠定基础。

1) 数智平台

通过四年的经营循环，企业不仅要在市场竞争中站稳脚跟，还要在数字化转型的道路上迈出坚实的一步。这一过程的实践，将为企业未来的长期发展奠定坚实基础，助力企业在数字化时代中抓住机遇，实现跨越式发展。

在本课程中，建议到第三年再进入数字化阶段，"数智平台"页面中涉及的新操作如图3-35所示。

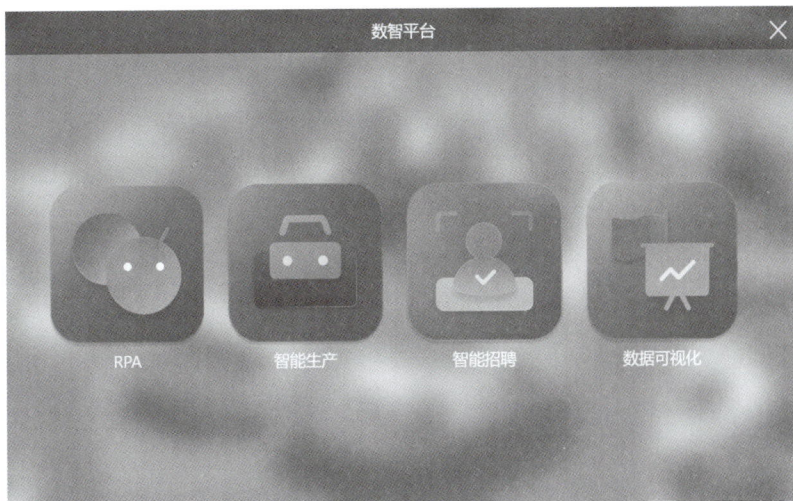

图 3-35　数值平台

（1）RPA。在RPA页面中，将【收款】【付款】【缴费】拖动至右侧空白区域，单击【保存】按钮，如图3-36所示。

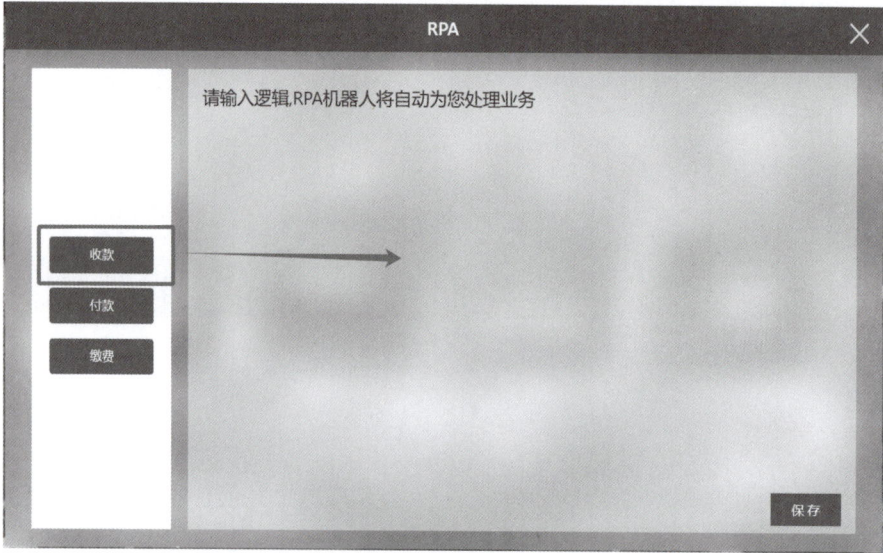

图3-36　RPA配置——选择要进行配置的业务

对收款业务进行RPA配置，主要通知RPA"什么时机"、执行"什么任务"及"何时中止"，如图3-37所示。

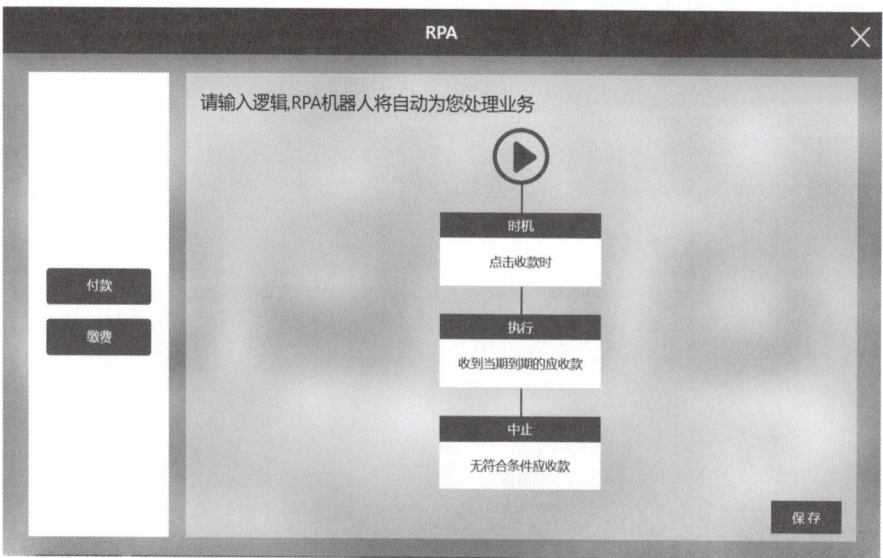

图3-37　收款业务RPA配置

收款业务、付款业务、缴费业务配置完成后，界面如图3-38所示。

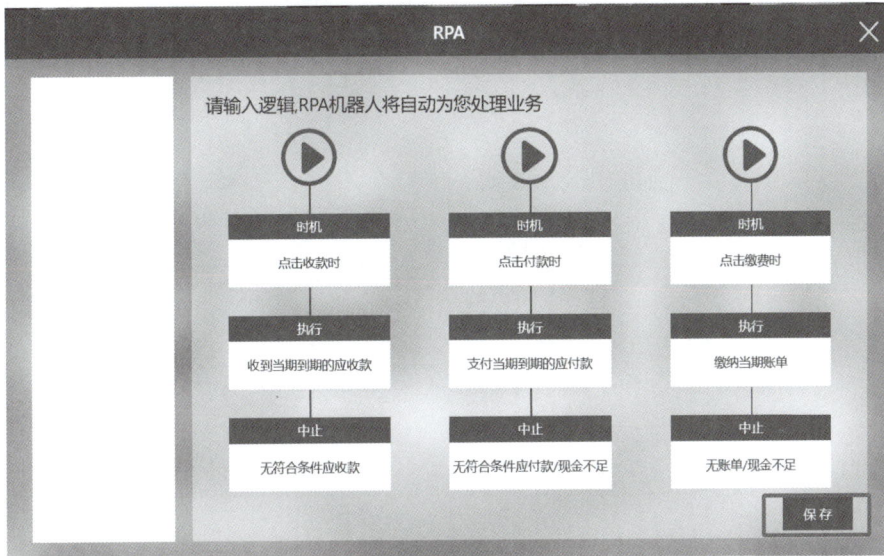

图 3-38 RPA 配置完成

(2) 智能生产。在如图3-39所示的"智能生产"页面中，将【智能转产】【自动收货入库】【智能工人排产】【自动更新图纸】【智能下单材料】拖动至右侧流程图中相应的空白位置，单击【保存】按钮，如图3-40所示。

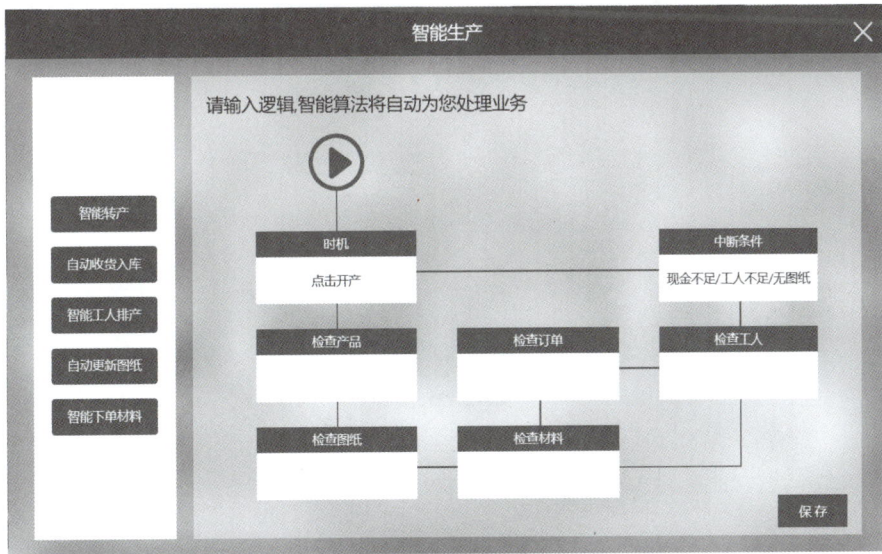

图 3-39 "智能生产"页面

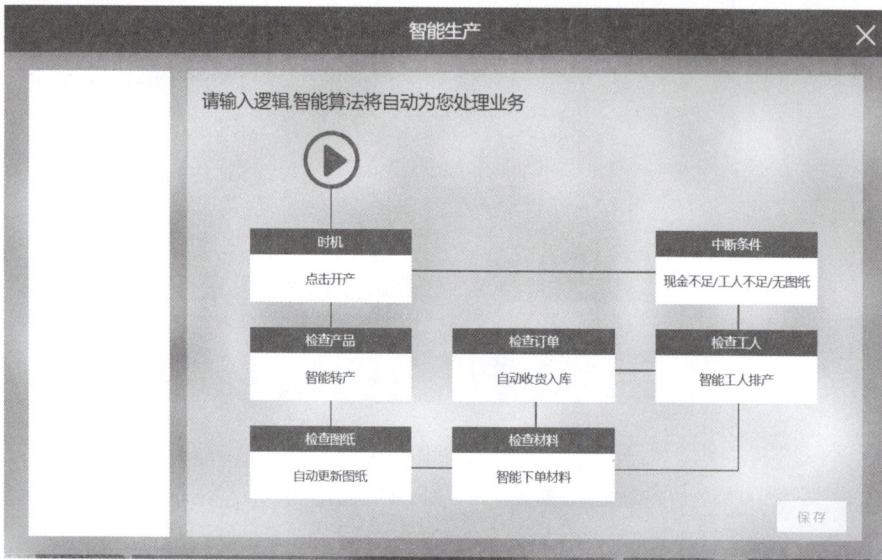

图 3-40　智能生产 RPA 配置

（3）智能招聘。在"智能招聘"页面中，按照决策需求，选择【薪酬优先】【效率优先】【比率优先】其中之一，将其拖动至右侧流程图中"按条件筛选"的位置中，单击【保存】按钮，如图3-41所示。

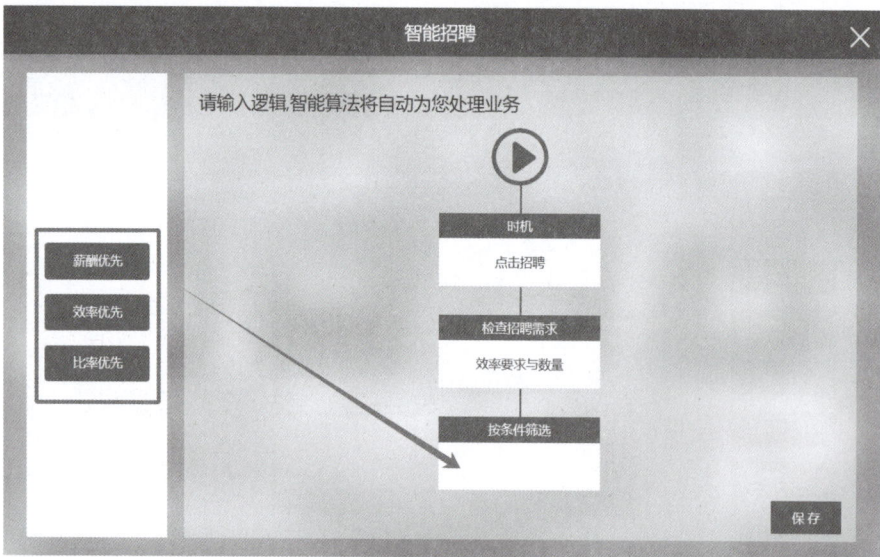

图 3-41　智能招聘配置

（4）数据可视化。在"大数据自选看板"页面中，单击左上角的【保存】按钮，如图3-42所示。

图 3-42　大数据自选看板

2）碳中和

单击主界面下方的【碳中和】按钮，打开"碳中和"对话框，如图3-43所示。

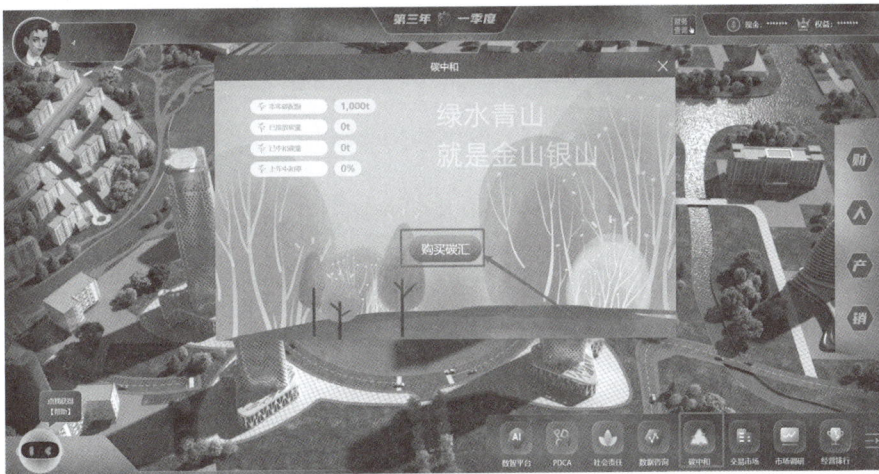

图 3-43　"碳中和"对话框

单击【购买碳汇】按钮，输入"中和碳量"吨数，如图3-44所示。单击【确定】按钮，以中和已排放的碳量。

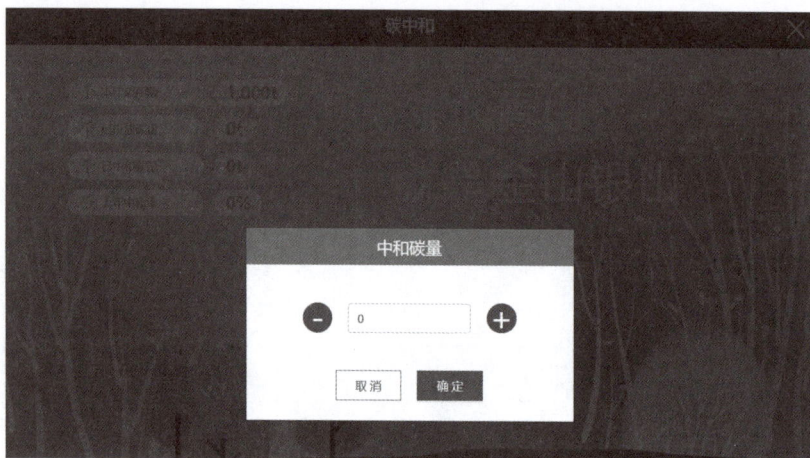

图 3-44 输入"中和碳量"数值

任务四 善用管理工具

管理工具是企业经营过程中各管理角色管理业务所采用的各种技术和方法的总称。本任务主要介绍管理团队及各管理角色的常用表格，企业可自行设计管理用表。

1. 团队总表

团队总表中列示了各位总监全年的工作任务，总控全年任务的达成，如表3-11所示。

表3-11 团队总表

角色	任务		类型	1Y1Q	1Y2Q	1Y3Q	1Y4Q
项目总监	初始资金						
	支付所得税						
	融	融资管理					
	收	应收款管理					
	付	应付款管理					
	费	费用管理	支付管理费用				
			支付利息/偿还本金				
	控	预算控制					
	表	填写/查看报表					
	财务数字化						

（续表）

角色	任务		类型	1Y1Q	1Y2Q	1Y3Q	1Y4Q
人力总监	选	招聘	发放offer				
	用	发薪	统一发薪				
		解雇	支付赔偿金				
	育	培训	培训管理				
	留	激励	激励管理				
		涨薪	涨薪管理				
	人力资源数字化						
运营总监	人	工人管理					
	机	购买生产线					
		拆除生产线					
		生产线转产					
		生产线开产					
		缴纳维修费					
	料	原材料入库					
		出售产成品					
		出售原材料					
	法	产品设计					
	研	特性研发					
	生产数字化						
营销总监	渠	渠道管理					
	产	产品资质认证					
		ISO认证					
	促	广告投放					
	竞	竞单管理					
	售	订单交付					
		支付违约金					
	营销数字化						

(续表)

角色	任务		类型	1Y1Q	1Y2Q	1Y3Q	1Y4Q
特殊操作	数据咨询(情报费)						
	碳中和						
	交易市场	紧急采购原材料					
		紧急采购产成品					
现金对账							

2. 总经理辅表

总经理辅表包括融资记录表、预算记录表和财务报表。

(1) 融资记录表。融资记录表主要用于记录企业融资类型、融资金额及还本时间，如表3-12所示。

表3-12　融资记录表

类型	1Y1Q		1Y2Q		1Y3Q		1Y4Q	
	金额	还本时间	金额	还本时间	金额	还本时间	金额	还本时间
直接融资								
短期银行融资								
长期银行融资								

(2) 预算记录表。预算记录表用于记录每个部门的预算数据和预算使用率，如表3-13所示。

表3-13　预算记录表

部门	1Y1Q		1Y2Q		1Y3Q		1Y4Q	
	预算	使用率	预算	使用率	预算	使用率	预算	使用率
市场营销部								
生产计划部								
人力资源部								

注意：

◇　预算使用率低于80%或高于120%都将被扣分(10 000分/次)。

(3) 财务报表。财务报表包括综合费用表、利润表和资产负债表，前已叙及。

3. 人力总监辅表

人力总监辅表包括用工记录表。

用工记录表用于记录工人的类型、月薪、效率值等，如表3-14所示。

表3-14　用工记录表

序号	姓名	工人类型	期许月薪(元)	基础效率	1Y1Q工作情况	1Y2Q工作情况	1Y3Q工作情况	1Y4Q工作情况
例	张三	高级技工	1 500	71	招募	71	69	67
1								
2								
3								

注意：

◇　所有工人需要提前1个季度招募。"工作情况"填效率值。

4. 运营总监辅表

运营总监辅表包括生产线记录表、原材料记录表、产品设计记录表、研发特性记录表和在制品记录表。

(1) 生产线记录表。生产线记录表用于记录生产线类型、基础产量、派工情况等信息，如表3-15所示。

表3-15　生产线记录表

序号	生产线类型	基础产量	1Y1Q	1Y2Q				1Y3Q				1Y4Q			
			状态	工人姓名	班次	工人效率	实际产量	工人姓名	班次	工人效率	实际产量	工人姓名	班次	工人效率	实际产量
例	自动线	20	安装	张三	8	71	34	张三	8	69	33	张三	8	67	33
1															
2															
3															

注意：

◇　实际产量=基础产量×(1+手工工人组效率之和÷4+高级工人组效率和)×班次加成。

◇　其中班次加成：8小时班次加成为1，12小时班次加成为1.2。

(2) 原材料记录表。原材料记录表用于记录原材料的订购、到货、付款等信息，如表3-16所示。

表3-16 原材料记录表

序号	原料	预订数量	预订时间	收货时间	付款时间
1					
2					
3					

(3) 产品设计记录表。产品设计记录表用于记录产品原型、特性、版本、设计时间及费用等信息，如表3-17所示。

表3-17 产品设计记录表

序号	产品原型	特性	版本号	产品设计时间	设计费用
1					
2					
3					

(4) 研发特性记录表。研发特性记录表用于记录特性类型、当前研发值、目标值、研发时间及费用等信息，如表3-18所示。

表3-18 研发特性记录表

序号	特性名称	当前值	目标值	研发时间	费用
1					
2					
3					

其中费用的计算方法如下：

费用=(目标值-当前值)×单位研发费用。

(5) 在制品记录表。在制品记录表用于记录年末在制品数量及价值，如表3-19所示。

表3-19 在制品记录表

项目	P1/T1	P1/T2	P1/T3	P2/T1	P2/T2	P2/T3	P3/T1	P3/T2	P3/T3
数量									
价值									

5. 营销总监辅表

营销总监辅表包括广告投放登记表和订单登记表。

(1) 广告投放登记表。广告投放登记表用于记录各市场每个季度的广告投放，如表3-20所示。

表3-20 广告投放登记表

市场名称	1Y1Q	1Y2Q	1Y3Q	1Y4Q	合计
本地市场					
国内市场					
亚洲市场					
合计					

(2) 订单登记表。订单登记表用于记录订单的详细信息，如表3-21所示。

表3-21 订单登记表

订单编号	市场	产品	特性需求	参考价	交货期	账期	报价	分配数量	交货时间

善意提示

未来几年，你们将领导公司的发展，在变化的市场中进行开拓，应对激烈的竞争。企业能否顺利运营下去取决于管理团队正确决策的能力。每个团队成员都应尽可能在做出决策时利用其知识和经验，不要因匆忙行动而陷入混乱。

项目四 在实战中成长

实训目标

- 团队合作完成四年的模拟经营，获得企业运营管理的宝贵经验
- 认真履行岗位职责，理解岗位职业要求
- 学会利用专业知识和管理工具做好各项管理工作
- 学会与团队成员协同工作，为企业创造价值
- 及时总结经验和教训，分享每一年的成长

任务描述

现在，新的管理层已经肩负起引领企业发展的重任。通过模拟企业四年的经营，你们将在分析市场、制定战略、营销策划、生产组织、财务管理、人力资源管理等一系列活动中，参悟科学的管理规律，全面提升管理能力。

实践步骤

制订计划	1. 业务计划：包括销售计划、设备投资与改造、生产计划、采购计划、市场开发计划、产品研发计划、人力资源计划等 2. 资金计划
执行与控制	1. 内部运营流程 2. 任务执行监控 3. 管理报告
评价与总结	1. 案例分析 2. 反思与总结

任务一 感悟管理

1. 制订计划

计划是执行各项工作的依据。每年年初，总经理都要带领管理团队，在企业战略的指导下，制订销售计划、设备投资与改造计划、生产计划、采购计划、资金计划、市场开发计划、产品研发计划、人力资源计划等。

1) 销售计划

简明的销售计划至少应说明：企业将生产什么产品，生产多少，通过什么渠道销售，计划在什么地区销售，各产品线、地区比例如何，是否考虑促销活动。正确制订销售计划的前提是收集必要信息，做出相关分析，包括产品市场信息、企业自身的产能、竞争对手的情况等。

一个好的销售计划一定是符合销售组织自身特点、适用于本组织发展现状的计划。脱离实际情况的、过于宏观的销售计划会对实际的销售活动失去指导意义。一个好的销售计划同时也是一个全员参与的计划，是一个被组织上下及客户认可的计划。

2) 设备投资与改造计划

设备投资与改造是提高产能，保障企业持续发展的策略之一。企业进行设备投资时需要考虑以下因素。

- ❍ 市场上对各种产品的需求状况。
- ❍ 企业目前的产能。
- ❍ 新产品的研发进程。
- ❍ 设备投资分析。
- ❍ 新设备用于生产何种产品，所需资金来源，设备安装地点。
- ❍ 设备上线的具体时间及所需物料储备。

3) 生产计划

企业主要有五个计划层次，即经营规划、销售与运作规划、主生产计划、物料需求计划和能力需求计划。这五个层次的计划实现了由宏观到微观、由粗到细的深化过程。主生产计划是宏观向微观的过渡性计划，是沟通企业前方(市场、销售等需方)和后方(制造、供应等供方)的重要环节；物料需求计划是主生产计划的具体化；能力需求计划是对物料需求计划做能力上的平衡和验证。从数据处理逻辑上讲，主生产计划与其他计划层次之间的关系如图4-1所示。

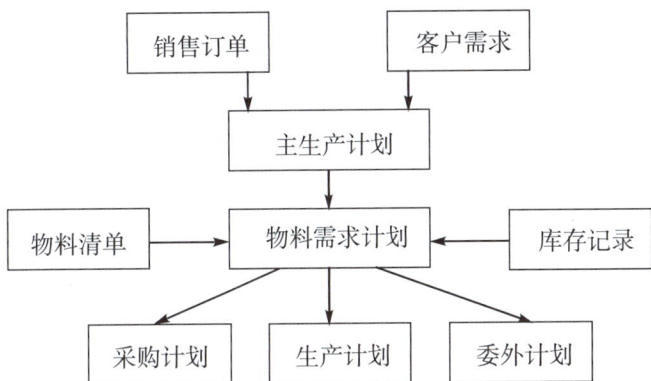

图 4-1　主生产计划与其他计划层次之间的关系

主生产计划回答A：生产什么？生产多少？何时生产？

物料清单回答B：用什么来生产？

库存记录回答C：我们已经有什么？

物料需求计划回答D：还应得到什么？

它们共同构成了制造业的基本方程：$A \times B - C = D$。

4) 采购计划

采购计划要回答三个问题：采购什么、采购多少、何时采购。

(1) 采购什么。从图4-1中不难看出，采购计划的制订与物料需求计划直接相关，并直接上溯到主生产计划。根据主生产计划，减去产品库存，并按照产品的BOM结构展开，就得到了为满足生产所需还要哪些物料、哪些可以自制、哪些必须委外、哪些需要采购。

(2) 采购多少。明确了采购什么，还要计算采购多少，这与物料库存和采购批量有直接联系。

(3) 何时采购。要达到"既不出现物料短缺，又不出现库存积压"的管理境界，就要考虑采购提前期、采购政策等相关因素。

5) 资金计划

成本费用的支付需要资金、各项投资需要资金、到期还债需要资金，如果没有一个准确详尽的资金预测，很快您就会焦头烂额、顾此失彼。因此，每年年初做现金预测是非常必要的，它可以使您运筹帷幄，游刃有余。

为了帮助大家制订计划，附录中提供了相关的辅助计划工具，包括企业经营过程记录表、生产计划及采购计划编制、开工计划、采购及材料付款计划，还有用于财务综合评价的杜邦模型。

2. 执行与控制

计划制订之后，企业的日常运营将在总经理的领导下，按照企业运营流程所指示的程序及顺序进行。企业应该对各年每个季度的企业运营要点进行记录，以便于核查、分析。

3. 评价与总结

1) 自我反思与总结

每一年经营结束，管理团队都要对企业经营结果进行分析，深刻反思成在哪里、败在哪里、竞争对手情况如何、是否需要对企业战略进行调整。学习者就是在犯错的过程中认识错误，在不断的失败中获得成功的经验。

2) 现场案例解析

讲师要结合课堂及当年具体情况，找出大家普遍困惑的问题，对现场出现的典型案例进行深层剖析，用数字说话，让受训者感悟管理知识与管理实践的真实差距。这也是课程的精华所在。

将每年经营痛点和通过案例解析获得的感悟记录下来，便是一部生动的个人成长史，如表4-1所示。

表4-1　个人成长护照

年份	企业经营遇到的问题	本人获得的进步及不足之处	收获的知识和感悟
第1年			
第2年			
第3年			
第4年			

任务二　知识库

1. 企业经营的本质

经营是指企业以市场为对象，以商品生产和商品交换为手段，为了实现企业的目标，使企业的投资、生产、销售等经济活动与企业的外部环境保持动态平衡的一系列有组织的活动。

企业是一个以盈利为目的的经济组织，企业经营的本质是股东权益最大化，即盈利。而从利润表的利润构成中不难看出盈利的主要途径：一是扩大销售(开源)，二是控制成本(节流)。

1) 扩大销售

利润主要来自于销售收入，而销售收入由销售数量和产品单价两个因素决定。提高销售数量有以下方式。

○ 扩张现有市场，开拓新市场。

○ 研发新产品。

○ 扩建或改造生产设施，提高产能。

○ 合理加大广告投放力度，进行品牌宣传。

提高产品单价受很多因素制约，但企业可以选择单价较高的产品进行生产。

2) 控制成本

产品成本分为直接成本和间接成本。控制成本主要有以下两种方法。

○ 降低直接成本。直接成本主要包括构成产品的原料费和人工费。

○ 降低间接成本。从节约成本的角度，我们不妨把间接成本分为投资性支出和费用性支出两类。投资性支出包括购买厂房、投资新的生产线等，这些投资是为了扩大企业的生产能力而必须发生的；费用性支出包括营销广告、贷款利息等，通过有效筹划是可以节约一部分的。

2. 企业战略

1) 企业战略的定义

迈克尔·波特从三个层次对战略进行了定义：第一个层次，战略就是创造一种独特、有利的定位，涉及各种不同的运营活动；第二个层次，战略就是在竞争中做出取舍，其实质就是选择不做哪些事情；第三个层次，战略就是在企业的各项运营活动之间建立一种配称。

2) 企业战略的层次

企业战略分为三个层次，即公司战略、业务战略和职能战略。

○ 公司战略又称为总体战略，是企业最高层次的战略，主要关注两个问题：第一，公司经营什么业务；第二，公司总部应如何管理多个业务单位来创造企业价值。

○ 业务战略又称为经营战略，主要关注企业经营的各个业务如何获取竞争优势。

○ 职能战略通常是短期的、局部的，因而称为"策略"可能更为准确，主要包括市场营销策略、财务管理策略、人力资源开发与管理策略、研究与开发策略、生产制造策略等。

3) 企业战略管理的定义

企业战略管理是指企业战略的分析与制定、评价与选择，以及实施与控制。它是一个能够使企业达到其战略目标的动态管理过程。企业战略管理图如图4-2所示。

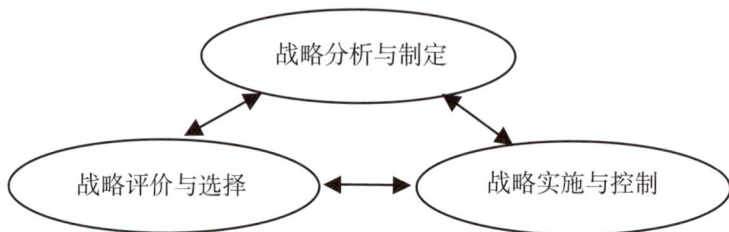

图 4-2　企业战略管理图

4) 企业环境分析

企业环境分析包括企业宏观环境分析、行业及竞争环境分析、企业内部条件分析。

企业的宏观环境分析主要包括六个方面：政治环境、法律环境、经济环境、科技环境、社会环境和文化环境。

行业及竞争环境分析包括行业的主要经济特性分析、行业吸引力分析、行业变革的驱动因素分析、行业竞争的结构分析、行业竞争对手选择与分析、行业市场集中度与行业市场细分及战略组分析。

企业内部条件分析应关注以下几个方面：企业目前的战略运行效果如何；企业面临哪些资源强势和弱势；企业价值链分析；企业核心能力分析；企业产品竞争力及市场营销状况分析；企业经济效益状况分析；企业面临的战略问题分析。

5) 战略运行效果评估

(1) 财务方面。

○ 企业销售额的增长率比整个市场的增长率是快还是慢？

○ 利润率是在上升还是下降？与竞争对手相比如何？

○ 净利润率、投资回报率、经济附加值(EVA)的变化趋势，以及与行业内其他企业的比较。

○ 公司是否正在完成其既定的财务目标？

○ 公司的业绩是否处于行业平均水平以上？

(2) 顾客满意度方面。

○ 企业市场占有率是提高了或是降低了，还是稳定不变？

○ 新市场及新客户的开拓效果如何？

○ 重点市场销售收入占总销售收入的比重如何？

○ 老客户的保持及增长率如何？客户流失率如何？

○ 客户满意度如何？公司在顾客中的形象和声誉如何？

(3) 企业内部流程方面。

○ 供应商的规模与数量如何？

○ 供应商提供的原材料零配件的质量、数量、交货期等情况如何？

○ 新产品销售收入占总销售收入的比重是多少？

○ 研发费用占销售收入的比重是多少？

○ 企业生产管理状况如何？产品质量如何？产品生产成本降低状况如何？

○ 企业劳动生产率提高状况如何？

○ 企业市场营销状况如何？

○ 企业市场营销组织及费用状况如何？

○ 企业组织状况如何？

○ 企业人力资源的开发与管理状况如何？

○ 企业文化建设状况如何？

(4) 员工学习与成长。

○ 员工工作满意度如何？

○ 员工年流失率如何？

○ 企业内各级干部及员工的培训计划及培训效果如何？

○ 业培训费用占销售收入的比例与行业平均比例的比较。

6) 企业一般竞争战略

企业一般竞争战略包括成本领先战略、差异化战略及集中化战略。

(1) 成本领先战略。此战略的要点在于力求将生产和营销成本降到最低，通过低成本来获取行业领导地位，吸引市场上众多对价格敏感的购买者。这类企业或者以较低的售价扩大市场份额，或者以和竞争对手相同的价格出售产品来增加利润。

(2) 差异化战略。差异化战略是设法使自己的产品或服务有别于其他企业，在行业中树立起差异化的经营特色，从而在竞争中获取有利地位。获取产品差异化的途径有产品质量、产品可靠性、产品创新、产品品牌、产品服务。

(3) 集中化战略。集中化战略是指企业将经营范围集中于行业内某一有限的细分市场，使企业有限的资源得以充分发挥效力，在某个局部市场的实力超过其他竞争对手，赢得竞争优势。

7) 企业发展战略

企业发展战略有三大类，每一类又含有三种形式，如表4-2所示。

表4-2　企业发展战略

密集型战略	一体化战略	多元化战略
市场渗透 市场开发 产品开发	向后一体化 向前一体化 水平一体化	同心多元化 横向多元化 混合多元化

(1) 密集型战略。密集型战略就是企业在原有生产范围内充分利用产品和市场方面的潜力来求得成长发展，主要方法有市场渗透、产品开发和市场开发。市场渗透是指企业生产的老产品在老市场上进一步渗透，扩大销量；市场开发就是指用老产品去开发新市场；而产品开发是指用改进老产品或开发新产品的方法来增加企业在老市场上的销售额。

(2) 一体化战略。一体化战略是指通过资产纽带或契约方式，企业与其业务的输入端或输出端的企业联合，或与相同的企业联合，形成一个统一的经济组织，从而达到降低交易费用及其他成本、提高经济效益的战略。一体化战略又分为后向一体化战略、前向一体化战略和水平一体化战略。后向一体化是沿着与企业当前业务的输入端有关的活动向上延伸，如制造企业通过控制或合并原材料、零部件供应使企业实现产供一体化。前向一体化是沿着与企业当前业务的输出端有关的活动向下延伸，如制造企业通过向前控制分销系统(如批发商、零售商)实现产销结合。水平一体化即开展那些与企业当前业务相竞争或相补充的活动，如一家大零售商合并若干小零售店开办连锁商店。

(3) 多元化战略。多元化战略是指一个企业同时在两个以上的行业从事生产经营活动，或同时生产、提供两种以上基本经济用途不同的产品和服务的战略。如果公司所在行业的发展潜力已有限，而其他领域存在着很好的发展机会；或者公司所在领域虽有潜力可挖，但公司还有足够的资源进入新领域，而本行业之外又确实不乏发展的机会时，企业可选择多元化发展战略。多元化战略又分为水平多元化、垂直多元化、同心多元化、混合多元化等。

8) 目标管理

目标管理是这样一种程序或过程，它使企业的上级与下级一起商定企业的共同目标，由此决定上下级的责任和分目标，并把这些目标作为经营、评估和奖励每个单位和个人贡献的标准。目标管理的步骤如下。

(1) 建立目标体系。将总目标分解为企业各内部单位的具体目标，形成目标体系，各项目标必须具体化、定量化，各目标间应相互协调，既具有挑战性，又要有现实性。

(2) 企业内各级之间在制定各级的各项目标时要经过充分的磋商，并取得一致意见。简单地将下级目标汇总不是目标管理，而是放弃领导；将预定的目标视为不可改变的，强迫下级接受也不是目标管理。

(3) 在目标确定的基础上，上级应授予下级实现目标所必需的各种权力。

(4) 定期检查，发现与目标相偏离时，上级应进行指导和帮助。

(5) 要及时反馈目标的达成情况，进行考核，并和奖惩制度挂钩。

9) 平衡计分卡

平衡计分卡以平衡为目的，寻求企业短期目标与长期目标之间、财务度量绩效与非财务度量绩效之间、落后指标与先进指标之间、企业内部成长与企业外部满足顾客需求之间的平衡状态，是全面衡量企业战略管理绩效、进行战略控制的重要工具和方法。

平衡计分卡包括四个方面：财务、顾客、企业内部流程、员工的学习与成长。

平衡计分卡提供的将战略转化为企业绩效管理的框架如图4-3所示。

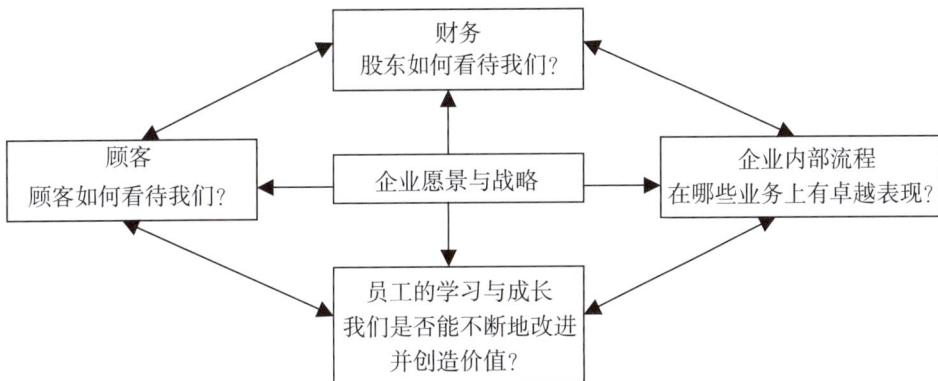

图4-3　平衡计分卡

3. 市场营销

1) 市场营销的定义

市场营销是从卖方的立场出发，以买主为对象，在不断变化的市场环境中，以顾客需求为中心，通过交易程序，提供和引导商品或服务到达顾客手中，满足顾客需求与利益，从而获取利润的企业综合活动。

2) 市场营销的基本职能

(1) 与市场紧密联系，收集有关市场营销的各种信息、资料，开展市场营销研究，分析营销环境、竞争对手和顾客需求、购买行为等，为市场营销决策提供依据。

(2) 根据企业的经营目标和企业内外环境分析，结合企业的有利和不利因素，确定企业的市场营销目标和营销方针。

(3) 制定市场营销决策。

○　细分市场，选择目标市场。

○　制定产品决策。

○　制定价格决策。

○　制定销售渠道政策。

○　制定沟通决策。

○　组织售前、售中、售后服务，方便顾客。

○　制定并综合运用市场营销组合策略及市场竞争策略。

○　制定市场发展战略。

(4) 市场营销计划的编制、执行和控制。

(5) 销售事务与管理。建立与调整营销组织，制定销售及一般交易的程序和手续、销售合同管理，营销人员的培训、激励与分配等管理。

3) 营销战略规划的基本程序

(1) 企业内外部环境分析。

(2) 市场细分、目标市场选择与市场定位。

(3) 确定营销目标。

(4) 确定市场营销策略组合。

(5) 实施和控制市场营销活动。

4) 波士顿法

波士顿法使用"销售增长率—相对市场占有率"区域图，对企业的各个业务单位进行分类和评估。波士顿矩阵如图4-4所示。

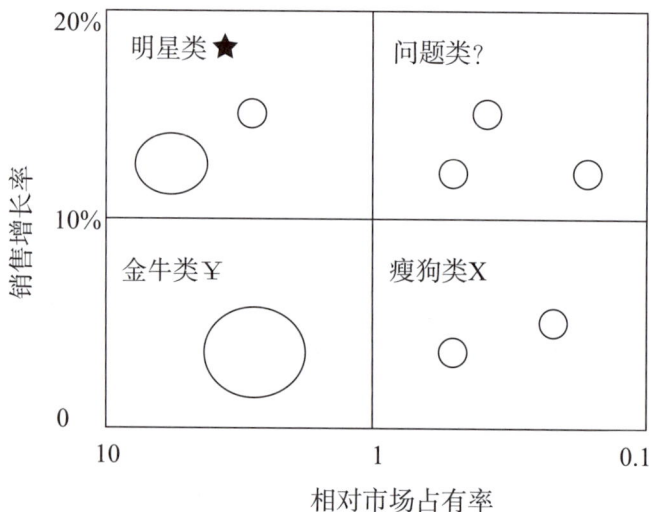

图 4-4　波士顿矩阵

图中纵向表示销售增长率，即产品销售额的年增长速度，以10%(也可以设为其他临界值)为临界线分为高低两部分；横向表示业务单位的市场占有率与最大竞争对手市场占有率之比，称为相对市场占有率，以1.0为分界线分为高低两个部分。销售增长率反映产品的成长机会和发展前途；相对市场占有率则表明企业的竞争实力大小。区域中的圆圈代表企业的各业务单位，圆圈的位置表示该业务单位销售增长率和相对市场占有率的现状，圆圈的面积表示该业务单位的销售额大小。

图中的四个象限分别代表以下四类不同的业务单位。

(1) "问题"类。销售增长率高而相对市场占有率低的业务单位。大多数业务单位最初都处于这一象限，这类业务单位需要较多的投入，以赶上最大竞争对手并适应迅速增长的市场需求，但是它们大都前途未卜，难以确定前景。企业必须慎重考虑是对它们继续增加投入，还是维持现状，或者淘汰。

(2) "明星"类。"问题"类业务如果经营成功，就会成为"明星"类业务。该业务单位的销售增长率和相对市场占有率都较高，因其销售增长迅速，企业必须大量投入资源以支持其快速发展，需要大量的现金投入，是企业业务中的"现金使用者"。待其销售增长率下降时，这类业务就从"现金使用者"变为"现金提供者"，即变为"金牛"类业务单位。

(3) "金牛"类。销售增长率低而相对市场占有率高的单位。由于销售增长率放缓，不再需要大量资源投入；又由于相对市场占有率较高，这些业务单位可以产生较高的收益，支援其他业务的生存和发展。"金牛"业务是企业的财源，这类业务单位越多，企业的实力越强。

(4) "瘦狗"类。销售增长率和相对市场占有率都较低的业务单位。它们或许能提供一些收益，但往往是盈利甚少甚至亏损，因而不应再追加资源投入。

在对各业务单位进行分析之后，企业应着手制订业务组合计划，确定对各个业务单位的投资策略。可供选择的战略有以下四种。

- 发展战略：提高业务的市场占有率，必要时可放弃短期目标。适用于"问题"类业务，通过发展有潜力的"问题"类业务，可使之尽快转换为"明星"类业务。

- 保持战略：目标是保持业务的市场占有率。适用于"金牛"类业务，该类业务单位大多处于成熟期，采取有效的营销策略促进其盈利是完全可能的。

- 缩减战略：目标是尽可能地在有关业务上获取短期收益，而不过多地考虑长期效果。该战略既适用于"金牛"类业务，也适用于"问题"类和"瘦狗"类业务。

- 放弃战略：通过变卖或处理某些业务单位，把有限的资源用于其他效益较高的业务。该战略主要适用于"瘦狗"类业务或无发展前途、消耗盈利的"问题"类业务。

5) 市场需求调查和预测

某种产品的市场需求是指在特定的地理区域、特定的时间、特定的营销环境中，特定的顾客愿意购买的产品总量。市场需求调查的内容如下。

- 市场需求总量
- 销售量预测

市场需求总量受以下六个因素的影响。

- 产品
- 顾客
- 地理区域
- 时间环境
- 营销环境
- 营销费用投入

6) 产品生命周期

产品生命周期是产品从试制成功投入市场开始直到最后被淘汰退出市场为止所经历的全部时间。产品生命周期分为导入期、成长期、成熟期和衰退期四个阶段，如图4-5所示。

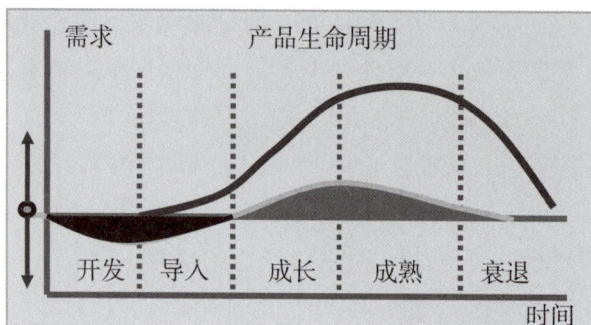

图4-5　产品生命周期曲线

产品生命周期特征如表4-3所示。

表4-3　产品生命周期特征

比较项目	导入期	成长期	成熟期	衰退期
销售量	低	剧增	最大	衰退
顾客成本	高	一般	低	低
利润	亏损	利润增长	利润高	利润下降
顾客	创新者	早期接受者	中间主要一族	落后者
竞争者	很少	增多	数量稳定、开始下降	数量下降
营销目标	创建产品知名度	市场份额达到最大	保护市场份额的同时争取最大利润	减少开支，挤出品牌剩余价值

研究产品生命周期各阶段的特点及产品生命周期的销售情况和获利能力随产品生命周期变化的趋势，有助于企业分析判断各类产品现在所处的阶段及未来发展趋势，以便企业采取正确的营销策略。

7) 市场细分与市场定位

(1) 市场细分。市场细分是指根据整体市场上顾客需求的差异性，以影响顾客需求和渴望的某些因素为依据，将一个整体市场划分为两个或两个以上的消费者群体，每一个需求特点相类似的消费者群就构成一个细分市场。市场细分是选择目标市场的基础。

(2) 目标市场选择策略。目标市场的选择一般有以下三种策略。

○ 无差异营销策略：指企业不进行市场细分，把整个市场作为目标市场。

○ 差异性营销策略：指企业将整个市场细分后，选择两个或两个以上，直至所有的细分市场作为其目标市场。差异性营销策略包括完全差异性营销策略、市场专业化策略、产品专业化策略和选择性专业化策略。

○ 集中性营销策略：指企业在对整体市场进行细分后，由于受到资源等条件的限制，决定只选取其中一个细分市场作为企业的目标市场，并以某种市场营销组合集中实施该目标市场。集中性营销策略又称为产品—市场专业化策略。

(3) 市场定位。市场定位就是使企业产品具有一定的特色，适应目标市场一定的需求和爱好，塑造产品在目标客户心目中的良好形象。市场定位的实质就在于取得目标市场的竞争优势，确定产品在目标顾客心目中的适当位置并留下值得购买的印象，以吸引更多的客户。

8) 品牌及品牌策略

(1) 品牌。品牌是商品的商业名称及其标识的统称，通常由文字、标记、符号、图案、颜色及它们的不同组合等构成。品牌通常由三部分构成：品牌名称、商标和其他品牌标志。品牌是企业可以利用的无形资产，有利于开展商品广告宣传和推销工作，有助于树立企业良好的形象，有利于企业推出新产品。

(2) 品牌策略。企业可以选择适用的品牌策略，具体包括品牌化策略、品牌提供者策略、品牌地位策略、品牌质量策略、品牌种族策略、品牌延展策略、品牌重塑策略。

9) 市场营销组合

市场营销组合是指企业为了进入某一特定的目标市场，在全面考虑其任务、目标、资源及外部环境的基础上，对企业可以控制的各种营销手段进行选择、搭配、优化组合、综合运用，以满足目标市场的需要，获取最佳经济效益的一种经营理念。

(1) 4P营销组合要素。
- 产品——Product
- 价格——Price
- 分销——Place
- 促销——Promotion

(2) 4C营销组合要素。
- 消费者的需求和愿望——Customer needs and wants
- 消费者愿意支付的成本——Cost to the customer
- 消费者购买的便利性——Convenience
- 与消费者的沟通——Communication

企业的市场营销活动应该以消费者为中心，发现消费者的需求，以最低的成本、最大的便利性提供产品以满足消费者的需求；同时保持与消费者的充分沟通，通过沟通达到传递信息、刺激销售的目的。

(3) 4R营销组合要素。
- 关联——Related
- 反应——Reaction
- 关系——Relationship
- 回报——Reward

10) 营销计划的内容
- 计划概要，即对主要营销目标和措施作概括的说明。

- 分析当前营销状况。
- SWOT分析。
- 拟定营销目标。
- 列出主要的营销策略。
- 提出行动方案。
- 预算方案。
- 控制，包括年度计划控制、获利性控制、效率控制、战略控制。

4. 生产管理

1) 生产管理的定义

生产管理是指对一个生产系统的设计、运作、评价和改进的管理，它包含对从有形产品和无形产品的研究开发到加工制造、销售、服务、回收、废弃的全寿命过程所做的系统管理。

2) 制造企业最基本的生产经营活动

(1) 制定经营方针和目标。通过调查研究市场需求、容量、竞争态势，分析企业的经营环境和自身条件，确定计划期企业应生产什么产品、生产多少、什么时候投放市场、以什么价格销售、成本须控制在什么水平等。核心是要确定计划期企业必须实现的利润目标。经营方针和经营目标规定了企业全部生产活动的方向和要求。

(2) 技术活动。为了适应不断发展的社会需求和保持强大的竞争能力，企业需要不断研制开发新产品，进行产品的更新换代，研究采用新技术、新工艺和对企业进行技术改造等一系列有关的技术活动。

(3) 供应活动。包含原材料采购、能源供应、设备和工具的采购等，以保证供应生产所需的各种生产资源。

(4) 加工制造活动。把获得的生产资源通过加工制造过程转化为社会所需要的各种工业产品，并要符合计划规定的质量、数量、成本、交货期和环保安全的要求。

(5) 销售活动。通过广告和各种销售渠道，把生产出来的产品在市场上进行销售，并为用户进行售前和售后服务。

(6) 财务活动。为供应活动、技术活动、生产活动、销售活动筹集所需的资金，对取得的销售收入和利润进行合理的分配，以支持企业扩大再生产和保证企业各部分成员的合法利益。

3) 生产管理的发展历史

- 泰勒的科学管理法——《工厂管理法》
- 福特的大量生产方式——标准化、简单化、专门化
- 通用汽车公司——全面质量管理TQM
- 丰田生产方式——JIT准时化生产
- 精益生产方式——消除一切浪费

4) 产品及产品战略

(1) 产品。产品是能够提供给市场进行交换，供人们取得、使用或消费，并能够满足人们某种欲望或需要的任何东西。整体产品包含三个层次：核心产品、形式产品和延伸产品。

(2) 产品战略。

○　成本领先

○　别具一格

○　集中一点

5) 新产品开发

新产品类型包括全新产品、革新产品、改进新产品、市场重定位产品等。新产品开发过程包括构思形成、构思筛选、概念的形成和测试、市场营销战略的制定、商业分析、产品开发、市场试销、正式上市等步骤。

R&D 战略的主要内容如下。

○　设定战略目标

○　选择新事业领域

○　选择R&D方式

○　决定研究、开发规模和投入费用

6) 生产能力

生产能力是指企业在一定时期内，在合理的、正常的技术组织条件下，所能生产的一定种类产品的最大数量。

扩大企业的生产能力，可以采用不同的策略，通常有激进型策略和保守型策略。

激进型策略是指针对增长的需求，企业扩大生产能力的时间略超前于需求到来的时间，每次生产能力扩大的幅度较大。保守型策略则采取稳扎稳打的方针，在需求增长以后再扩大企业的生产能力，每次扩大的幅度不大。

7) 设备管理

(1) 设备管理的定义。设备管理是指依据企业的生产经营目标，通过一系列的技术、经济和组织措施，对设备生命周期内的所有设备物质运动形态和价值运动形态进行的综合管理工作。

(2) 设备寿命周期。设备寿命周期指的是设备从规划、购置、安装、调试、使用、维护直至改造、更新及报废全过程所经历的全部时间。

(3) 设备的寿命周期费用。设备的寿命周期费用由以下两部分构成。

○　固定费用：包括购置费、安装调试费、人员培训费。

○　运行费用：包括直接或间接劳动费、保养费、维护费、消耗品费用等。

(4) 评价设备的经济性常用的方法。

○　投资回收期法

○　费用比较法

- 效益费用比较法
- 费用效率比较法

(5) 设备的维护。设备的维护是指为了保持设备正常的技术状态、延长使用寿命，按标准进行的检查与润滑，间隙的及时调整，以及隐患的消除等一系列的日常工作。许多企业实行设备三级保养制度：设备的日常保养(日常维护)、一级保养、二级保养。

5. 财务管理

1) 财务管理的定义

财务管理是以资本收益最大为目标，对企业资本进行优化配置和有效利用的一种资本运作活动。财务管理的内容包括以下几方面。

- 长期投资决策
- 长期筹资决策
- 流动资产管理
- 财务分析
- 财务预算

2) 资本

资本是指能够在运动中不断增值的价值，这种价值表现为企业为进行生产经营活动所垫支的货币。资本具有稀缺性、增值性、控制性。

企业资本来源于两个方面：一是作为债权人所有的债务资本，二是作为所有者所有的权益资本。

3) 财务管理工具

财务管理工具是指财务管理所采用的各种技术和方法的总称。财务管理工具包括财务计划、财务控制和财务分析。

(1) 财务计划。财务计划以财务预测和财务决策为基础。

① 财务预测。财务预测是指利用企业过去的财务活动资料，结合市场变动情况，对企业未来财务活动的发展趋势做出科学的预计和测量，以便把握未来、明确方向。财务预测一般包括流动资产需要量预测、固定资产需要量预测、成本费用预测、销售收入预测、利润总额与分配预测，以及长短期投资预测等。

② 财务决策。财务决策是指财务人员根据财务目标的总要求，运用专门的方法，从各种备选方案中选出最佳方案的过程。财务决策一般包括筹资决策、投资决策、股利决策和其他决策。筹资决策主要解决如何以最小的资本成本取得企业所需要的资本，并保持合理的资本结构，包括确定筹资渠道和方式、筹资数量和时间、筹资结构比例关系等；投资决策主要解决投资对象、投资数量、投资时间、投资方式和投资结构的优化选择问题；股利决策主要解决股利的合理分配问题，包括确定股利支付比率、支付时间、支付数额等；其他决策包括企业兼并与收购决策、企业破产与重整决策等。

(2) 财务控制。财务控制就是依据财务计划目标，按照一定的程序和方式，发现实际偏差与纠正偏差，确保企业及其内部机构和人员全面实现财务计划目标的过程。财务控制按照控制的时间分为事前控制、事中控制和事后控制；按照控制的依据分为预算控制和制度控制；按照控制的对象分为收支控制和先进控制；按照控制的手段分为绝对数控制和相对数控制。

(3) 财务分析。财务分析是以企业会计报表信息为主要依据，运用专门的分析方法，对企业财务状况和经营成果进行解释与评价，以便于投资者、债权人、管理者及其他信息使用者做出正确的经济决策。

4) 企业的基本财务活动

企业的基本财务活动包括筹资、投资及收益分配。

5) 资本金

资本金是指企业在工商行政管理部门登记的注册资金。所有者对企业投入的资本金是企业从事正常经济活动、承担经济责任的物质基础，是企业在经济活动中向债权人提供的基本财务担保。

6) 长期借款

长期借款是企业向银行或非银行金融机构借入的期限超过一年的贷款。长期借款主要用于企业的固定资产购置和满足长期流动资金占用的需要。长期借款按用途不同分为固定资产投资贷款、更新改造贷款、科技开发和新产品试制贷款等。

7) 资本成本

资本成本是指企业为取得和长期占用资产而付出的代价，它包括资本的取得成本和占用成本。

资本的取得成本是指企业在筹措资金过程中所发生的各种费用。资本的占用成本是指企业因占用资本而向资本提供者支付的代价，如长期借款利息、长期债券利息、优先股股息、普通股的红利等。

8) 营运资本

营运资本指投入流动资产的那部分成本。流动资产包括现金和有价证券、应收账款和存货，是企业从购买原材料进行生产直至销售产品收回货款这一生产和营销活动过程中所必需的资产。

营运资本决策的主要内容包括如下几方面。

- 收账和现金支付
- 筹集短期资金
- 流动性管理
- 应收账款管理
- 存货管理

9) 投资回收期

投资回收期是指在不考虑资金时间价值的前提下，用投资项目所得的净现金流量来回收项目初始投资所需的年限。投资回收期越短，投资效益越好。

投资回收期法是长期投资决策的一种基本方法。

10) 预算与预算管理

(1) 预算。预算是经营决策和长期决策目标的一种数量表现，即通过有关的数据将企业全部经营活动的各项目标具体地、系统地反映出来。预算的作用主要表现在四个方面：明确目标、协调平衡、日常控制、业绩评价。常用的编制预算的方法包括弹性预算、零基预算、概率预算、滚动预算。

(2) 预算的内容。预算的内容主要包括经营预算、财务预算和专门预算。

- 经营预算是与企业日常经营活动有关的预算，主要包括销售预算、生产预算、直接材料预算、直接人工预算、制造费用预算、单位生产成本和期末存货预算、销售及管理费用预算。

- 财务预算是与企业现金收支、经营成果和财务状况有关的预算，主要包括现金收支预算、预计利润表、预计资产负债表。

- 专门预算是与企业的固定资产投资有关的预算，也称为资本支出预算。

预算的完整体系如图4-6所示。

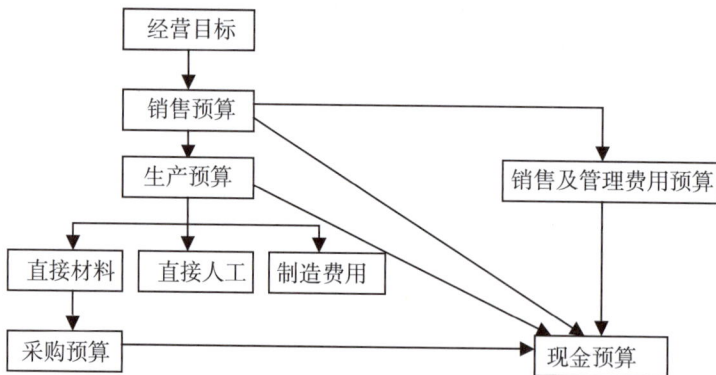

图 4-6　预算体系

附 录 数智沙盘企业经营记录表

第1年　团队总表

角色	任务		类型	1Y1Q	1Y2Q	1Y3Q	1Y4Q
项目总监	初始资金						
	支付所得税						
	融	融资管理					
	收	应收款管理					
	付	应付款管理					
	费	费用管理	支付管理费用				
		支付利息/偿还本金					
	控	预算控制					
	表	填写/查看报表					
人力总监	选	招聘	发放offer				
	用	发薪	统一发薪				
		解雇	支付赔偿金				
	育	培训	培训管理				
	留	激励	激励管理				
		涨薪	涨薪管理				
运营总监	人	工人管理					
	机	购买生产线					
		拆除生产线					
		生产线转产					
		生产线开产					
		缴纳维修费					
	料	原材料入库					
		出售产成品					
		出售原材料					
	法	产品设计					
	研	特性研发					
营销总监	渠	渠道管理					
	产	产品资质认证					
		ISO认证					
	促	广告投放					
	竞	竞单管理					
	售	订单交付					
		支付违约金					
特殊操作	数据咨询(情报费)						
	碳中和						
	交易市场	紧急采购原材料					
		紧急采购产成品					
现金对账							

第1年　财务总监用表

融资记录表

类型	1Y1Q		1Y2Q		1Y3Q		1Y4Q	
	金额	还本时间	金额	还本时间	金额	还本时间	金额	还本时间
直接融资								
短期银行融资								
长期银行融资								

预算记录表

部门	1Y1Q		1Y2Q		1Y3Q		1Y4Q	
	预算	使用率	预算	使用率	预算	使用率	预算	使用率
市场营销部								
生产计划部								
人力资源部								

综合费用表

项目	金额	备注
管理费		
广告费		
产线维修费		
转产费		
市场开拓		国内(　) 亚洲(　) 国际(　)
产品资质申请		P1(　) P2(　) P3(　)
ISO认证申请		ISO 9000(　) ISO 21000(　) ISO 26000(　)
信息费		
产品设计费		T1(　) T2(　) T3(　)
辞退福利		
培训费		
激励费		
人力费		
碳中和费用		
特性研发		
数字化研发费		
合计		

利润表

项目	金额
销售收入	
直接成本	
毛利	
综合费用	
折旧前利润	
折旧	
支付利息前利润	
财务费用	
营业外收支	
税前利润	
所得税	
净利润	

资产负债表

项目	金额	项目	金额
现金		长期负债	
在制品		短期负债	
应收款		其他应付款	
产成品		应交税金	
原材料		负债合计	
流动资产合计		股东资本	
土地与设备		利润留存	
在建工程		年度净利	
固定资产合计		所有者权益合计	
资产合计		负债和所有者权益合计	

第1年　运营总监用表

生产线记录表

序号	生产线类型	基础产量	1Y1Q	1Y2Q				1Y3Q				1Y4Q			
			状态	工人姓名	班次	工人效率	实际产量	工人姓名	班次	工人效率	实际产量	工人姓名	班次	工人效率	实际产量
1															
2															
3															

原材料记录表

序号	原料	预订数量	预订时间	收货时间	付款时间
1					
2					
3					

产品设计记录表

序号	产品原型	特性	版本号	产品设计时间	设计费用
1					
2					
3					

研发特性记录表

序号	特性名称	当前值	目标值	研发时间	费用
1					
2					
3					

在制品记录表

项目	P1/T1	P1/T2	P1/T3	P2/T1	P2/T2	P2/T3	P3/T1	P3/T2	P3/T3
数量									
价值									

第1年　营销总监用表

广告投放登记表

市场名称	1Y1Q	1Y2Q	1Y3Q	1Y4Q	合计
本地市场					
国内市场					
亚洲市场					
合计					

订单登记表

订单编号	市场	产品	特性需求	参考价	交货期	账期	报价	分配数量	交货时间

第1年　人力总监用表

用工记录表

序号	姓名	工人类型	期许月薪(元)	基础效率	1Y1Q 工作情况	1Y2Q 工作情况	1Y3Q 工作情况	1Y4Q 工作情况
1								
2								
3								
4								
5								
6								

第2年　团队总表

角色	任务		类型	1Y1Q	1Y2Q	1Y3Q	1Y4Q
项目总监	初始资金						
	支付所得税						
	融	融资管理					
	收	应收款管理					
	付	应付款管理					
	费	费用管理	支付管理费用				
		支付利息/偿还本金					
	控	预算控制					
	表	填写/查看报表					
人力总监	选	招聘	发放offer				
	用	发薪	统一发薪				
		解雇	支付赔偿金				
	育	培训	培训管理				
	留	激励	激励管理				
		涨薪	涨薪管理				
运营总监	人	工人管理					
	机	购买生产线					
		拆除生产线					
		生产线转产					
		生产线开产					
		缴纳维修费					
	料	原材料入库					
		出售产成品					
		出售原材料					
	法	产品设计					
	研	特性研发					
营销总监	渠	渠道管理					
	产	产品资质认证					
		ISO认证					
	促	广告投放					
	竞	竞单管理					
	售	订单交付					
		支付违约金					
特殊操作	数据咨询(情报费)						
	碳中和						
	交易市场	紧急采购原材料					
		紧急采购产成品					
现金对账							

第2年　财务总监用表

融资记录表

类型	1Y1Q		1Y2Q		1Y3Q		1Y4Q	
	金额	还本时间	金额	还本时间	金额	还本时间	金额	还本时间
直接融资								
短期银行融资								
长期银行融资								

预算记录表

部门	1Y1Q		1Y2Q		1Y3Q		1Y4Q	
	预算	使用率	预算	使用率	预算	使用率	预算	使用率
市场营销部								
生产计划部								
人力资源部								

综合费用表

项目	金额	备注
管理费		
广告费		
产线维修费		
转产费		
市场开拓		国内(　) 亚洲(　) 国际(　)
产品资质申请		P1(　) P2(　) P3(　)
ISO认证申请		ISO 9000(　) ISO 21000(　) ISO 26000(　)
信息费		
产品设计费		T1(　) T2(　) T3(　)
辞退福利		
培训费		
激励费		
人力费		
碳中和费用		
特性研发		
数字化研发费		
合计		

利润表

项目	金额
销售收入	
直接成本	
毛利	
综合费用	
折旧前利润	
折旧	
支付利息前利润	
财务费用	
营业外收支	
税前利润	
所得税	
净利润	

资产负债表

项目	金额	项目	金额
现金		长期负债	
在制品		短期负债	
应收款		其他应付款	
产成品		应交税金	
原材料		负债合计	
流动资产合计		股东资本	
土地与设备		利润留存	
在建工程		年度净利	
固定资产合计		所有者权益合计	
资产合计		负债和所有者权益合计	

第2年 运营总监用表

生产线记录表

序号	生产线类型	基础产量	1Y1Q	1Y2Q				1Y3Q				1Y4Q			
			状态	工人姓名	班次	工人效率	实际产量	工人姓名	班次	工人效率	实际产量	工人姓名	班次	工人效率	实际产量
1															
2															
3															

原材料记录表

序号	原料	预订数量	预订时间	收货时间	付款时间
1					
2					
3					

产品设计记录表

序号	产品原型	特性	版本号	产品设计时间	设计费用
1					
2					
3					

研发特性记录表

序号	特性名称	当前值	目标值	研发时间	费用
1					
2					
3					

在制品记录表

项目	P1/T1	P1/T2	P1/T3	P2/T1	P2/T2	P2/T3	P3/T1	P3/T2	P3/T3
数量									
价值									

第2年　营销总监用表

广告投放登记表

市场名称	1Y1Q	1Y2Q	1Y3Q	1Y4Q	合计
本地市场					
国内市场					
亚洲市场					
合计					

订单登记表

订单编号	市场	产品	特性需求	参考价	交货期	账期	报价	分配数量	交货时间

第2年　人力总监用表

用工记录表

序号	姓名	工人类型	期许月薪(元)	基础效率	1Y1Q 工作情况	1Y2Q 工作情况	1Y3Q 工作情况	1Y4Q 工作情况
1								
2								
3								
4								
5								
6								

第3年　团队总表

角色		任务	类型	1Y1Q	1Y2Q	1Y3Q	1Y4Q
项目总监		初始资金					
		支付所得税					
	融	融资管理					
	收	应收款管理					
	付	应付款管理					
	费	费用管理	支付管理费用				
		支付利息/偿还本金					
	控	预算控制					
	表	填写/查看报表					
		财务数字化					
人力总监	选	招聘	发放offer				
	用	发薪	统一发薪				
		解雇	支付赔偿金				
	育	培训	培训管理				
	留	激励	激励管理				
		涨薪	涨薪管理				
		人力资源数字化					
运营总监	人	工人管理					
	机	购买生产线					
		拆除生产线					
		生产线转产					
		生产线开产					
		缴纳维修费					
	料	原材料入库					
		出售产成品					
		出售原材料					
	法	产品设计					
	研	特性研发					
		生产数字化					
营销总监	渠	渠道管理					
	产	产品资质认证					
		ISO认证					
	促	广告投放					
	竞	竞单管理					
	售	订单交付					
		支付违约金					
		营销数字化					
特殊操作		数据咨询(情报费)					
		碳中和					
	交易市场	紧急采购原材料					
		紧急采购产成品					
现金对账							

第3年　财务总监用表

融资记录表

类型	1Y1Q		1Y2Q		1Y3Q		1Y4Q	
	金额	还本时间	金额	还本时间	金额	还本时间	金额	还本时间
直接融资								
短期银行融资								
长期银行融资								

预算记录表

部门	1Y1Q		1Y2Q		1Y3Q		1Y4Q	
	预算	使用率	预算	使用率	预算	使用率	预算	使用率
市场营销部								
生产计划部								
人力资源部								

综合费用表

项目	金额	备注
管理费		
广告费		
产线维修费		
转产费		
市场开拓		国内(　) 亚洲(　) 国际(　)
产品资质申请		P1(　) P2(　) P3(　)
ISO认证申请		ISO 9000(　) ISO 21000(　) ISO 26000(　)
信息费		
产品设计费		T1(　) T2(　) T3(　)
辞退福利		
培训费		
激励费		
人力费		
碳中和费用		
特性研发		
数字化研发费		
合计		

利润表

项目	金额
销售收入	
直接成本	
毛利	
综合费用	
折旧前利润	
折旧	
支付利息前利润	
财务费用	
营业外收支	
税前利润	
所得税	
净利润	

资产负债表

项目	金额	项目	金额
现金		长期负债	
在制品		短期负债	
应收款		其他应付款	
产成品		应交税金	
原材料		负债合计	
流动资产合计		股东资本	
土地与设备		利润留存	
在建工程		年度净利	
固定资产合计		所有者权益合计	
资产合计		负债和所有者权益合计	

第3年　运营总监用表

生产线记录表

序号	生产线类型	基础产量	1Y1Q	1Y2Q				1Y3Q				1Y4Q			
			状态	工人姓名	班次	工人效率	实际产量	工人姓名	班次	工人效率	实际产量	工人姓名	班次	工人效率	实际产量
1															
2															
3															

原材料记录表

序号	原料	预订数量	预订时间	收货时间	付款时间
1					
2					
3					

产品设计记录表

序号	产品原型	特性	版本号	产品设计时间	设计费用
1					
2					
3					

研发特性记录表

序号	特性名称	当前值	目标值	研发时间	费用
1					
2					
3					

在制品记录表

项目	P1/T1	P1/T2	P1/T3	P2/T1	P2/T2	P2/T3	P3/T1	P3/T2	P3/T3
数量									
价值									

第3年　营销总监用表

广告投放登记表

市场名称	1Y1Q	1Y2Q	1Y3Q	1Y4Q	合计
本地市场					
国内市场					
亚洲市场					
合计					

订单登记表

订单编号	市场	产品	特性需求	参考价	交货期	账期	报价	分配数量	交货时间

第3年　人力总监用表

用工记录表

序号	姓名	工人类型	期许月薪(元)	基础效率	1Y1Q工作情况	1Y2Q工作情况	1Y3Q工作情况	1Y4Q工作情况
1								
2								
3								
4								
5								
6								

第4年　团队总表

角色	任务		类型	1Y1Q	1Y2Q	1Y3Q	1Y4Q
项目总监	初始资金						
	支付所得税						
	融	融资管理					
	收	应收款管理					
	付	应付款管理					
	费	费用管理	支付管理费用				
		支付利息/偿还本金					
	控	预算控制					
	表	填写/查看报表					
	财务数字化						
人力总监	选	招聘	发放offer				
	用	发薪	统一发薪				
		解雇	支付赔偿金				
	育	培训	培训管理				
	留	激励	激励管理				
		涨薪	涨薪管理				
	人力资源数字化						
运营总监	人	工人管理					
	机	购买生产线					
		拆除生产线					
		生产线转产					
		生产线开产					
		缴纳维修费					
	料	原材料入库					
		出售产成品					
		出售原材料					
	法	产品设计					
	研	特性研发					
	生产数字化						
营销总监	渠	渠道管理					
	产	产品资质认证					
		ISO认证					
	促	广告投放					
	竞	竞单管理					
	售	订单交付					
		支付违约金					
	营销数字化						
特殊操作	数据咨询(情报费)						
	碳中和						
	交易市场	紧急采购原材料					
		紧急采购产成品					
现金对账							

第4年　财务总监用表

融资记录表

类型	1Y1Q		1Y2Q		1Y3Q		1Y4Q	
	金额	还本时间	金额	还本时间	金额	还本时间	金额	还本时间
直接融资								
短期银行融资								
长期银行融资								

预算记录表

部门	1Y1Q		1Y2Q		1Y3Q		1Y4Q	
	预算	使用率	预算	使用率	预算	使用率	预算	使用率
市场营销部								
生产计划部								
人力资源部								

综合费用表

项目	金额	备注
管理费		
广告费		
产线维修费		
转产费		
市场开拓		国内（　）亚洲（　）国际（　）
产品资质申请		P1（　）P2（　）P3（　）
ISO认证申请		ISO 9000（　）ISO 21000（　）ISO 26000（　）
信息费		
产品设计费		T1（　）T2（　）T3（　）
辞退福利		
培训费		
激励费		
人力费		
碳中和费用		
特性研发		
数字化研发费		
合计		

利润表

项目	金额
销售收入	
直接成本	
毛利	
综合费用	
折旧前利润	
折旧	
支付利息前利润	
财务费用	
营业外收支	
税前利润	
所得税	
净利润	

资产负债表

项目	金额	项目	金额
现金		长期负债	
在制品		短期负债	
应收款		其他应付款	
产成品		应交税金	
原材料		负债合计	
流动资产合计		股东资本	
土地与设备		利润留存	
在建工程		年度净利	
固定资产合计		所有者权益合计	
资产合计		负债和所有者权益合计	

第4年 运营总监用表

生产线记录表

序号	生产线类型	基础产量	1Y1Q	1Y2Q				1Y3Q				1Y4Q			
			状态	工人姓名	班次	工人效率	实际产量	工人姓名	班次	工人效率	实际产量	工人姓名	班次	工人效率	实际产量
1															
2															
3															

原材料记录表

序号	原料	预订数量	预订时间	收货时间	付款时间
1					
2					
3					

产品设计记录表

序号	产品原型	特性	版本号	产品设计时间	设计费用
1					
2					
3					

研发特性记录表

序号	特性名称	当前值	目标值	研发时间	费用
1					
2					
3					

在制品记录表

项目	P1/T1	P1/T2	P1/T3	P2/T1	P2/T2	P2/T3	P3/T1	P3/T2	P3/T3
数量									
价值									

第4年 营销总监用表

广告投放登记表

市场名称	1Y1Q	1Y2Q	1Y3Q	1Y4Q	合计
本地市场					
国内市场					
亚洲市场					
合计					

订单登记表

订单编号	市场	产品	特性需求	参考价	交货期	账期	报价	分配数量	交货时间

第4年 人力总监用表

用工记录表

序号	姓名	工人类型	期许月薪(元)	基础效率	1Y1Q 工作情况	1Y2Q 工作情况	1Y3Q 工作情况	1Y4Q 工作情况
1								
2								
3								
4								
5								
6								